Karl Theodor von Heigel

Historische Abhandlungen

Karl Theodor von Heigel

Historische Abhandlungen

ISBN/EAN: 9783744641760

Hergestellt in Europa, USA, Kanada, Australien, Japan

Cover: Foto ©ninafisch / pixelio.de

Weitere Bücher finden Sie auf **www.hansebooks.com**

HISTORISCHE

ABHANDLUNGEN.

HERAUSGEGEBEN

VON

Dr. TH. HEIGEL und Dr. H. GRAUERT

ORD. PROFESSOREN AN DER K. UNIVERSITÄT MÜNCHEN.

VI. Heft.

MÜNCHEN

DR. H. LÜNEBURG, VERLAG.

1894.

DER

FRIEDE VON FÜSSEN

1745.

VON

DR. GEORG PREUSS.

MÜNCHEN

DR. H. LÜNEBURG, VERLAG.

1894.

CARL THEODOR HEIGEL

IN

DANKBARER VEREHRUNG

ZUGEEIGNET.

Vorwort.

IN der Mitte des vorigen Jahrhunderts sehen wir politische Fragen der inneren deutschen Geschichte die ganze europäische Staatenwelt in Bewegung setzen. Der Streit für und wider die bayerischen Ansprüche auf Habsburgs Erbe ist der Ausgangspunkt eines wechselreichen und langjährigen Weltkrieges.

Wir wissen, wie Bayerns Kraft vorzeitig erlahmte, wie es gezwungen ward, sich im Frieden von Füssen aller seiner Rechte und Forderungen zu begeben. .

Die militärische und diplomatische Geschichte der Kriegs-jahre hat die berufensten Darsteller gefunden, doch dem bedeut-samen Füssener Friedensschlusse ist eine eingehendere Behandlung noch nicht zu Teil geworden.

In seinem grossen Werke »Maria Theresia's erste Regierungs-jahre« hat A. v. Arneth mit der Hand des Meisters die Ver-handlungen gezeichnet, doch auf ihren Verlauf mit seinen oft wichtigen Einzelheiten näher einzugehen, lag ausserhalb des Rahmens seiner gewählten umfassenden Aufgabe.

Neuerdings hat dann Seeländer durch seine Abhandlung »Graf Seckendorff und die Publizistik zum Frieden von Füssen von 1745« wesentliche Aufschlüsse gegeben über die damaligen Stimmungen des bayerischen Volkes, die Tendenzen einzelner Parteien und Männer, die dadurch hervorgerufenen Schwankungen der Politik. Wie der Verfasser (S. VI) selbst sagt, bieten seine Untersuchungen einen — allerdings höchst wichtigen — Beitrag zur Geschichte des Friedens.

Dem Mangel einer monographisch gefassten, die Wiener wie Münchener Verhältnisse gleichermassen in den Kreis der Betrachtung ziehenden, einigermassen erschöpfenden Darstellung versucht die vorliegende Arbeit abzuhelfen. Möge sie ihr vorgestecktes Ziel nicht allzuweit verfehlen.

Der eigentlichen Abhandlung habe ich geglaubt, eine flüchtige Uebersicht der vorhergegangenen kriegerischen Ereignisse vorausschicken zu müssen. Es geschah lediglich aus dem Grunde, weil ich der Meinung war, dass wir die Haltung Seckendorffs während der Verhandlungen um so eher begreifen werden, wenn wir uns zuvor daran erinnert haben, dass auch seine Rolle als Feldherr in den Kriegsjahren von 1743 und 44 eine durchaus zweideutige gewesen ist. Die Arbeit ist von Herrn Prof. Dr. Carl Theodor Heigel durch ebenso freundliche wie wertvolle Ratschläge gefördert worden. Ihm, sowie dem Assistenten an der hiesigen kgl. Hof- und Staatsbibliothek, Herrn Dr. Georg Leidinger, welcher mir in nie ermüdender Liebenswürdigkeit zur Seite stand, auch an dieser Stelle meinen Dank auszusprechen, ist mir eine angenehme Pflicht.

War schon von vornherein die Darstellung der Füssener Friedensverhandlungen in ihrem wechselvollen Verlaufe eine lohnende Aufgabe, so wurde sie es erst recht infolge der wohlwollenden Unterstützung, welche ich überall durch die Archivdirektionen erfahren habe.

Es sei mir daher gestattet, der Direktion des kgl. bayr. Reichsarchives und des kgl. bayr. Staatsarchives, ferner der Direktion des k. k. Haus-, Hof- und Staatsarchives zu Wien, insonderheit Herrn Vizedirektor Sektionsrat Dr. Winter daselbst, sowie der Direktion des k. k. Kriegsarchives zu Wien für die Bereitwilligkeit zu danken, mit welcher sie mir Einsicht in das diesbezügliche archivalische Quellenmaterial gestattet haben.

Auch der Verwalter des reichsgräflich Törring-Jettenbachschen Hausarchives, Herr Domänensekretär Durber, möge sich meiner Dankbarkeit versichert halten.

Einleitung.

MIT dem 20. Oktober 1740, dem Todestage Kaiser Karl VI., sank auch dessen Lebenswerk zusammen, die pragmatische Sanktion. Gegen seine junge Nachfolgerin erhoben sich allerorten feindliche Gewalten; die Mächte, welche wenige Jahre zuvor das Erbrecht Maria Theresias anerkannten, griffen jetzt wider dasselbe zu den Waffen.[1]

Verwegen genug hatte Friedrich von Preussen den Kampf eröffnet. Wenig später folgte ihm Bayern, von Frankreichs Geld und Truppen ausgiebig unterstützt. Zu ungeheuren Erfolgen schien das Haus Wittelsbach berufen; es war der grösste Augenblick in Bayerns tausendjähriger Geschichte. Galt es doch die Erbschaft Habsburgs an Land und Leuten, an Ehren und Würden zu erringen, und damit in Deutschland die Stellung einzunehmen, welche ganz auszufüllen Oesterreich seit Jahrhunderten nicht mehr gelungen war. Schon zweimal hatte ein Wittelsbacher die Kaiserkrone getragen, und der Gedanke daran ist lebendig geblieben durch die Jahrhunderte. So strebte Papst Urban VIII. (1623—44) ernsthaft und entschlossen dem Ziele nach, die Kaiserwürde an Kurfürst Maximilian zu bringen, der ihn durch seinen unermüdlichen Eifer im Dienste der katholischen Sache gewonnen hatte.[2] Wohl ist der Versuch bald wieder aufgegeben worden, jedoch der Gegensatz der beiden Fürstengeschlechter, von Rom aus verstärkt, blieb allen verwandtschaftlichen Beziehungen zum Trotz bestehen; zuweilen, wie zur Zeit der Türkenkämpfe scheinbar in herzliches Einvernehmen verwandelt, dann wieder, wie im spani-

---

[1] Als abschliessende Quellenwerke für diese Periode sind anzuführen: A. v. Arneth: Maria Theresias erste Regierungsjahre; J. G. Droysen: Geschichte der preussischen Politik; C. Theodor Heigel: Der österreichische Erbfolgestreit und die Kaiserwahl Karls VII. Der hier gegebene kurze Ueberblick der kriegerischen Ereignisse wird dazu dienen, die Haltung Seckendorffs, des kaiserlichen Oberfeldherrn, zu charakterisieren. Dessen Parteistellung während der Friedensverhandlungen wird uns weniger überraschen, wenn wir gesehen haben, dass schon seine Kriegführung das Bestreben erkennen lässt, sich Oesterreich wiederum zu nähern.

[2] Vgl. Gregorovius, Urban VIII. im Widerspruch zu Spanien und dem Kaiser (Stuttg. 1879).

schen Erbfolgekriege in schroffster Weise hervorbrechend, stets
ein bewegender und mitunter ausschlaggebender Faktor in Deutschlands innerer Geschichte. Jetzt hatte diese Gegnerschaft ihren
Höhepunkt erreicht; gerade die verwandtschaftlichen Verbindungen,
bestimmt den alten Hass zu vernichten, trieben ihn auf die
Spitze. Der Erfolg schien die Wittelsbacher zu begünstigen. Im
Bunde mit Frankreich, Preussen, Spanien spielte Kurfürst Karl
Albert kein aussichtsloses Spiel. Seine Hoffnungen verstiegen
sich ins Ungemessene, der Gang der Ereignisse schien ihnen
Recht zu geben. Binnen kurzem waren die verbündeten Bayern
und Franzosen Meister von Ober-Oesterreich, ein schneller Vor-
stoss gegen Wien, wie ihn Schmettau[1]) anempfahl, musste auch
diese Stadt aufs äusserste gefährden; mit ihrem Falle wäre wahrscheinlich Oesterreichs Geschick entschieden gewesen. »La puis-
sance de la Maison d'Austriche est coupée par ses racines, si ond
se rend maitre de cette capitale«, schrieb Friederich II.[2])

Statt dessen wandte sich Karl gegen Böhmen, überrumpelte
Prag, liess sich daselbst zum Könige krönen; es waren blendende
Erfolge, doch ohne Bestand und Dauer.

Es ist Bayerns geschichtliches Unglück gewesen, dass ihm
in der Zeit, da die unvergleichliche Gunst des Geschickes den Weg

---

[1]) Samuel Reichsgraf v. Schmettau, hatte sich in österreichischen Kriegsdiensten hervorgethan und war 1741 zum Feldmarschall ernannt worden. Fast
zur selben Zeit trat er als preussischer Unterthan zu Friedrich über, dem er bei
seiner genauen Kenntnis der österreichischen Verhältnisse sehr willkommen war.
Derselbe sandte ihn als militärischen Ratgeber zu Karl Albert zugleich mit einem
Schreiben an diesen, worin er ihm den Angriff auf Wien dringend ans Herz
legte. Politische Korrespondenz B. I S. 285.

Arneth (B. I 320 ff.) beurteilt Schmettau sehr ungünstig; er nennt ihn
einen Mann von verdorbten Grundsätzen und tadelt seine Habgier. Doch ist seine
Schuld in dem gegen ihn eingeleiteten Prozess durchaus nicht erwiesen. Daher
lässt auch Droysen die Motive seines Uebertrittes im Ungewissen. Im Grunde
ist er trotz mancher Fehler doch eine freilich oft bis zur Rauheit offene Soldaten-
natur, gerade hierin das gerade Gegenteil Seckendorffs, dessen Lebenslaufe der
seinige übrigens in mehr als einer Beziehung ähnlich ist. Vgl. über ihn: Lebensgeschichte des Grafen v. Schmettau, Berlin 1806. von seinem Sohne, und die für
die Geschichte des Türkenkrieges wichtigen: Mémoires secrets de Guerre de
Hongrie. Beide Schriften greifen Seckendorff aufs härteste an, ohne freilich dabei
unparteiisch zu sein.

[2]) Histoire de mon temps in den Publikationen, B. IV, S. 247. Dieselbe
Ansicht spricht der venetianische Gesandte Pietro Andrea Capello aus, welcher,
wie die meisten Darsteller dieser Episode, die Hauptschuld den Franzosen beimisst:
»Errore maggior d'ogn 'altro sarà sempre imputato ai Francesi, il non aver
progredito sino a Vienna, imperfetta nelle fortificazioni e sprovveduta di munizioni
e de' viveri, mentre in qualunque modo eseguir volessero il gran progetto, la sola
impresa della Capitale lo assicurava.« Arneth: Die Relationen der Botschafter
Venedigs über Oesterreich im 18. Jahrh Wien 1763. Fontes rerum Austriacarum.
II. Abteil. B. XXII S. 245.

zur Grösse zeigte, kein Mann erstand, der dem Ernste der Entscheidungen gewachsen und im Stande gewesen wäre, es auf diesem Wege erfolgreich zum Ziele zu führen. Nirgends begegnen wir einem Staatsmann oder Feldherrn von mehr als mittelmässiger Begabung, und dem Kurfürsten Karl Albert selbst können wir bei unbestrittenem soldatischem Mute und gesundem Verstande kaum diese zugestehen. Seine einstimmige Wahl zum Kaiser am 24. Januar, sowie seine glänzende Krönung in Frankfurt am 12. Februar 1742 waren die letzten Lichtblicke des scheidenden Glückes. Auch sie waren nicht ungetrübt. Mit der in denselben Tagen erfolgten Zurückeroberung von Linz und Passau durch die Oesterreicher kündeten sich ihm die nun folgenden Jahre voll Trübsal und Enttäuschungen an, wie sie vielleicht nur wenigen Sterblichen, gewiss aber keinem in gleich hoher Stellung beschieden worden sind. Als Sohn eines Herrschers, der ihm schon als Knabe seine erhabene Aufgabe als Erbe und Nachfolger des Hauses Habsburg zum Bewusstsein gebracht hatte, dabei wenigstens in seiner Jugend feurigen Geistes, getragen von der hohen Meinung seiner Regentenpflichten und warmen Liebe zu seinem Volke, ist er als Kaiser am Ziele seiner irdischen Wünsche des Lebens nicht wieder froh geworden. Dass er dabei seine guten und liebenswürdigen Eigenschaften nicht verlor, wird uns von den besten zeitgenössischen Schriftstellern versichert.[1])

Freilich waren es nur Tugenden, wie sie einen Fürsten des Friedens zum Segen seiner Völker zieren, nicht aber solche, die den ersten Herrscher der Christenheit befähigen konnten, in rücksichtslosem Kampfe seine Ansprüche zu behaupten, am allerwenigsten

---

[1]) Von den gleichzeitigen Zeugnissen über Carl VII. sind vor allem die zweier Ausländer bemerkenswert, welche beide die Eigenschaften des Herrschers rühmen, des venetianischen Gesandten in Wien Nicolo Erizzo (Arneth III S. 399, Anm. 5) und des französischen Marschalls Noailles in seinem Schreiben vom 8. Juli 1743 an König Ludwig (Correspondence de Louis XV et du maréchal Noailles, S. 150); diese Charakterschilderung hat dann Noailles später fast wörtlich in seine Mémoires herübergenommen (Collection des Mémoires Relatifs à l'Histoire de France, par Messieurs Petitot et Monmerque. Tome LXXIII S. 316). Das beste Bild seiner Persönlichkeit erhalten wir aus seinem Tagebuche (das Tagebuch Kaiser Karls VII aus der Zeit des österreichischen Erbfolgekrieges, herausgegeben von K. Th. Heigel, München 1883). Droysen folgt bei seiner wenig günstigen Charakteristik zu sehr dem Bilde, welches Schmettau in seinem Schreiben vom 25. Oktober an Friedrich entworfen hat (Preussische Politik, V. 1 S. 283.) Dafür zumal, dass Törring seinen hohen Einfluss und sein Ansehen nur der Gefälligkeit zu verdanken habe, mit welcher er sich den Privatschwächen seines Herrn dienstbar zeigte, dürfte ein anderes Zeugnis als das Schmettau's schwerlich zu erbringen sein. Friedrich selbst war empört darüber, dass Schmettau wagte, ihm einen Brief voll derartiger »Anekdoten« zu schicken. Vgl. Eichel an Podewils, Polit. Korresp. B. III S. 317.

einer Gegnerin wie Maria Theresia gegenüber, die ihm an Herrschergaben wie leidenschaftlicher Thatkraft in gleicher Weise überlegen war.

Es ist nun einmal nicht anders. Liebenswürdige Charaktere haben selten Grosses geschaffen; gerade Karls menschlichste Eigenschaften wurden ihm in seiner politischen Rolle als Kaiser verhängnisvoll. Seine Güte ward hier zur Schwäche, seine milde Nachgiebigkeit zur Unselbständigkeit, Eigenschaften, die nur zu geeignet waren, das Ansehen und die Würde des kaiserlichen Namens zugleich mit seinem Träger bei Freund und Feind herabzusetzen. Dennoch werden wir ihm standhaften Mut in Ertragung dessen, was über ihn verhängt ward, nicht versagen können, wenn er auch freilich nichts von dem königlichen Hochsinn und der Festigkeit besass, welche Maria Theresia in jedem Augenblicke ihres Daseins erfüllten, und denen sie ihre und ihres Landes Rettung verdankte.

Wir wissen, wie sie Zeit und Gelegenheit zu benutzen verstand, welche ihr die säumige Kriegführung der Gegner in die Hand gab. Bei Beginn des Jahres 1742 konnte sie ihnen kriegslustige Heere unter erprobten Feldherrn entgegenstellen. In einem Winterfeldzuge von nur wenigen Wochen warf ihr Feldherr Khevenhüller[1]), in dem der Geist seiner Herrin mächtig war, die Bayern auf allen Punkten zurück; schon am 14. Februar, zwei Tage, nachdem Karl die höchste Stufe menschlicher Ehren erklommen, befand sich seine Hauptstadt in den Händen der Sieger. Und diesem Beginn des Feldzugs entsprach der weitere Verlauf. Schon im Frühjahr war Kaiser Karl so gut wie besitzlos; im offenen Felde waren seine Truppen fast überall geworfen; mit Mühe wurden etliche feste Plätze, Ingolstadt, Straubing, Landshut behauptet.

In diesem kritischen Augenblicke nahte sich dem Kaiser in Frankfurt der frühere österreichische Feldmarschall Graf von Seckendorff[2]) mit der Bitte, ihn in seine Dienste aufzunehmen.

---

[1]) Ludwig Andreas Graf v. Khevenhüller, war 1736 zum Feldmarschall ernannt worden und erhielt jetzt den Befehl über das nur 16 000 Mann starke Heer, mit welchem er so glänzende Thaten vollführte. Er starb, viel zu früh für das Heil der Monarchie, 1744, von Maria Theresia aufrichtig und tief betrauert. Berühmt ist der Brief, welchen er am 21. Januar von der Königin aus der Hand des Grossherzogs im Lager von Linz empfangen hat.

[2]) Ludwig Heinrich Reichsgraf von Seckendorff hatte sich schon im spanischen Erbfolgekriege als Regimentsführer ausgezeichnet. Seine erfolgreiche mehrjährige Gesandtschaft in Berlin begründete seinen diplomatischen Ruf; als Feldherr hatte er Gelegenheit, sich 1735 durch den Weg bei Clausen hervorzuthun. Im Türkenkriege zum Oberbefehlshaber ernannt, wurde er bald wegen Misserfolgen abberufen, wegen Unterschlagungen zur Verantwortung gezogen und in Graz gefangen gesetzt. Maria Theresia verschaffte ihm bei ihrem Regierungsantritt die Freiheit und alle seine früheren Ehren wieder. Dennoch begab er

Karl willfahrte ihm um so lieber, da er nach den letzten Misserfolgen seinem Feldherrn Törring kein volles Vertrauen mehr
schenken konnte, jenem aber der Ruf eines ebenso erfahrenen
Generals wie gewandten Diplomaten vorherging. Durch seine
Kenntnis der österreichischen Verhältnisse wurde derselbe der
kaiserlichen Sache um so mehr empfohlen. Nachdem ihn Karl
zu einer kurzen diplomatischen Sendung an die Kabinette von
Dresden und Berlin verwendet hatte, berief er ihn an die Spitze
seines Heeres; Törring, dessen militärische Unfähigkeit sein kaiser-
licher Herr endlich erkannt hatte, wurde abberufen.[1])

sich nach der ihm anvertrauten Reichsfestung Philippsburg und trat dann in
bayerische Dienste über. Gestorben ist er 1763 auf seinem Gute Mauselwitz bei
Altenburg.

Vgl. seine beiden Lebensbeschreibungen, deren eine, von Bellamintes
(unter diesem Pseudonym verbirgt sich der Publizist Heinrich Kornelius Hecker,
Weller, Lexicon Pseudonymorum B. I S. 64.) völlig unbrauchbar ist, während die
andere vier Hände umfassende von Theresius v. Seckendorff vielfach der pragmatischen Staatengeschichte Adelung's folgt (Seeländer: Graf Seck. u. der Friede
zu Füssen S. 9), welche wiederum zum grossen Teil auf die »Neue europäische
Fama« und dadurch indirekt auf den »Mercure historique et politique« zurückgeht.
Vgl. Zeitschrift für Preussische Geschichte und Landeskunde XIII. Jahrgang,
Januar-Februarheft. Zeitungen im 1. Jahrzehnt Friedrichs des Grossen S. 3.

Die Ansichten, weshalb S. in bayerische Dienste übergetreten, gehen vielfach auseinander. Zeitgenössische Schriftsteller meinen, es sei aus Rache geschehen.
Auch Gfrörer, Geschichte des 18. Jahrh. B. III S. 183 weiss uns zu berichten,
dass S. »trotz seiner hohen Jahre vor Begierde glühte, sich an Oesterreich zu rächen.«
Dagegen sagt Arneth B. II S. 124 »erst als Oesterreich unterzugehen schien,
kettete auch er sein Schicksal nicht länger an ein scheiterndes Schiff. Er wandte
sich dorthin, woher neue Gunst, neue Ehren und neue Glücksgüter zu erwarten
waren.« In der That ist nicht einzusehen, warum S., wenn Gfrörer's Ansicht
richtig wäre, noch von Philippsburg aus den österreichischen Generälen Ratschläge
gegen ihre Gegner zukommen liess. So berichtet Lobkowitz am 20. Oktober 1741
an Maria Theresia, dass S. ihm seinen Adjudanten Freiherrn v. Escher mit militärischen und diplomatischen Ratschlägen zugeschickt habe. Der Brief abschriftlich
im W. St. Ar. Kriegsakten, Berichte Lobkowitz an die Königin. Auch früher schon,
Februar 1741, hatte er den in Schlesien operierenden General Leutulus Massregeln zur Gefangennahme König Friedrichs vorgeschlagen. (Arneth I, S. 151 ff.)
Er selbst sucht seinen Parteiwechsel damit zu motivieren, dass er als
Reichsfeldherr dem numehrigen Kaiser seine Dienste hätte anbieten müssen. Um
dies glaublicher zu machen, setzte er seinen Uebertritt erst nach Karls Krönung
ins Werk; doch müssen wir annehmen, dass der Entschluss dazu schon vorher
gefasst worden, als noch Karls vielversprechende glückliche Anfänge seinem Ehr-
geize lockende Ziele verheissen mochten und die wenig später eintretende un-
glückliche Wendung von keinem geahnt werden konnte. Wenigstens würde es
S. Charakter durchaus nicht entsprechen, wenn wir von ihm annehmen würden,
dass er sich zum Retter einer halb verlorenen Sache habe aufwerfen wollen.

[1]) Es geschah dies in der mildesten Form. Karl selbst sagt hierüber:
» ... j'avois rappellé le maréchal de Terring aiant indispensablement besoing
de sa personne pour les affaires d'état«. (Tagebuch S. 62.)

Der Wechsel im Oberbefehl machte sich schnell genug bemerkbar. Nach wenigen Wochen war das Land vom Feinde gesäubert. Frühjahr 1743 konnte Karl unter dem hellen Jubel der Seinen den Einzug in die Hauptstadt halten; freilich sah er auch hier nur wenige frohe Stunden. Die Unbotmässigkeit der französischen Führer, die Unmöglichkeit, zwischen ihnen und den bayerischen Generalen ein einigermassen gedeihliches Verhältnis herzustellen, erfüllte ihn auch im Schoosse seines Volkes mit schweren Sorgen vor der Zukunft. Der Beginn des folgenden Jahres rechtfertigte sie nur zu sehr. Khevenhüller's Scharfblick hatte längst erkannt, wie gefährdet die weite Verteidigungslinie war, welche die bayerischen Winterquartiere von Braunau über Dingolfing bis Deggendorf bildeten.[1]

Am 6. Mai überrannte er mit Uebermacht das Lager des General Minuzzi bei Simbach, welcher selbst verwundet und mit 800 Mann gefangen wurde; wenig später umlagerte er Braunau, wohin sich der Rest der Geschlagenen geflüchtet hatte.[2] Not und Gefahr verschärften den Zwist der Generale, statt ihn zu beenden. Mit Schmerz musste Karl sehen, wie wenig sein kaiserliches Wort den französischen Heerführern galt, die doch angeblich unter seinem Befehle standen.

Trotz ansehnlicher Verstärkung räumte der völlig unfähige Herzog Broglie das feste Ingolstadt, von Donauwörth aus erliess er an Karl die Erklärung, dass er sich genötigt sehe, Bayerns Boden zu verlassen.[3] Die Folge dieses Schrittes war Seckendorff's

---

[1] Seckendorff ist hier nicht freizusprechen von der Schuld, seine Truppen in den Quartieren allzuweit zerstreut zu haben, (Ranke, III S. 60), ein Fehler, den er auch schon im Turkenkriege begangen hatte. (Arneth B. I S. 38.)

[2] Karl gibt in seinem Tagebuche den Gesamtverlust mit 1200 Mann viel zu niedrig an. Der Grund zu dieser unvermutheten Niederlage ist in der Vielköpfigkeit des Oberbefehls zu suchen. Ranke misst die Hauptschuld dem Marschall Broglie zu; doch auch Seckendorff und Minuzzi sind schuldig, jener, weil er nicht that, was Broglie unterliess; dieser, weil er Seckendorffs Befehle zum Rückzug nicht zeitig genug Folge geleistet hat. Im Gegensatze zu Friedrich dem Grossen rühmt übrigens Khevenhüller die Umsicht Minuzzis bei dieser Affaire, indem er am 10. Mai darüber berichtete: »Le general Minucci qui commendoit a fort bien sû profiter de touts ses avantages, et j'ai eu besoin de fixer toute mon attention sur les moyens de faciliter l'attaque. (W. St. Ar. Kriegsakten 365). Bezüglich der Zahl der Flüchtlinge berichtet Arneth (B. II S. 218) »nur Wenige vermochten sich nach Braunau zu retten«. Dieser Ansicht scheint er später (B. II S. 250) selbst zu widersprechen, wenn er hier sagt, dass die Besatzung Braunau's »durch einen Teil der Flüchtlinge von Simbach ansehnlich verstärkt worden.« Letzteres wird uns auch durch die Thatsache bestätigt, dass bei der nachher erfolgten Uebergabe der Stadt nicht weniger als 4078 Mann kriegsgefangen wurden, eine ganz unverhältnismässig starke Besatzung. (S. Khevenhüller an Lord Stair, 8. Juli 1743, abschriftlich im W. St. Ar. Kriegsakten 353.)

[3] Friedrich ist der Ansicht, dass Broglie's Rückzug im Einverständnis mit dem Pariser Hofe erfolgt sei. (Histoire de mon temps; Publikationen B. IV S. 288).

eigenmächtige Konvention von Nieder-Schönfeld, durch welche die kaiserliche Armee zur Neutralität gezwungen wurde.[1]) Dass dieselbe keine dauernde sein würde, stand beiden Parteien von vornherein fest.

Schon Anfang 1744 sehen wir die Bayern, von Seckendorff mit Geschick reorganisiert, im Lager vor Philippsburg in fester Stellung zusammengezogen. Die nun folgenden Kriegsereignisse des Jahres 1744 sind bekannt; des Prinzen Karl von Lothringen Uebergang über den Rhein[2]), dann, als ihn der Einfall Friedrichs II.

Ihn widerlegt Rousset in Correspondance de Louis XV. et du maréchal de Noailles B. I Introduction XLII. Der König hatte Noailles die Entsendung von 12 Bat. und 10 Escad. befohlen; denn wie er schrieb: »Mon intention n'est pas d'abandonner l'Empereur ni la Bavière«. S. XLIV fährt Rousset dann fort: »L'erreur de Frédéric est ici complète: le maréchal de Broglie fut disgracié, pour avoir sans ordre positif évacué la Bavière. Il est étrange que le roi de Prusse ait été si mal renseigné sur une affaire de cette importance«. Vgl. ferner: Noailles an Ludwig 8. Juli. (Campagnes du maréchal N. B. I. S. 144) und Mémoires du duc de Noailles S. 315.

[1]) Die Ueberlieferung weiss von einer Zusammenkunft des Kaisers mit Seckendorff vom 26. Juni in Augsburg zu berichten, wobei Seckendorff zum Abschlusse eines Neutralitätsvergleiches soll ermächtigt worden sein (Lebensgeschichte Seckendorffs B. II S. 178); auch Lipowsky (Lebens- und Regierungsgeschichte des Churf. von Bayern, Karl Albert S. 396) und Garden (Histoire des traités de paix. B. III S. 285) erzählen, dass Seckendorff die Convention auf Grund der ihm vom Kaiser zugestandenen Vollmacht geschlossen habe. Aehnlich äussert sich Arneth (B. II S. 255): »Seckendorff erhielt den Auftrag mit dem Prinzen Karl von Lothringen in direkte Verhandlungen zu treten«. Die Unrichtigkeit dieser Angaben ergiebt sich deutlich aus Karls Tagebuche S. 94, wo es heisst: ».... bien loing d'avoir donné à Seckendorff des pouvoirs de traitter, moins de conclure une telle convention, je regardois toute cette affaire comme très imparfaite et nullement obligatoire. »Karls Erzählung,« (bemerkt hierzu Heigel), »wirft auf diese Verhandlungen Seckendorffs neues Licht.« Der Verdacht, dass der kaiserliche Feldherr die Convention mehr im österreichischen als bayerischen Interesse geschlossen, erhält dadurch neue Nahrung, dass er nichts that, um, wie Maria Theresia und Bernclau befürchtet (Arneth II S. 273), der Festungskommandant Grandville erwartet (vgl. dessen Briefe vom 4. August an d'Argenson, Campagnes de Coigny, B. I S. 101 und 10. September ebenda B. II S. 207), und Kaiser Karl selbst mehrfach befohlen hatte (vgl. Tagebuch, S. 100) und Kleemann: Geschichte der Festung Ingolstadt bis zum Jahre 1815 S. 98 ff.), die letzte bayerische Festung zu retten. Wir können nicht annehmen, dass ihn die Nieder-Schönfelder Convention abgehalten habe, den leicht ausführbaren Entsetzungsversuch zu machen, da ja dieselbe in der That von keiner Seite gehalten worden und schon Anfang August in Vergessenheit geraten war. (Vgl. histor. Sammlung von Staatsschriften unter Kaiser Karl VII., B. III S. 68). Der später noch geführte »Briefwechsel wegen des Bruches der Nieder-Schönfelder Convention« (Fama, 1 109 S. 164 ff.) war eben nur für die öffentliche Meinung bestimmt.

[2]) Seckendorffs Verhalten hiebei ist vielfach getadelt worden. Schon damals haben die Franzosen auf ihn die schlimmsten Verdächtigungen gehäuft; einmal, weil er nicht schnell genug zur Stelle war; dann vor allem, weil er den Angriff auf die schon Gelandeten nicht gewagt hatte. Camp. de Coigny B. VI S. 52: Réflexions sur le passage du Rhin, le 5 juillet 44. Auch Schlosser und mehr

nach Böhmen rief, sein Rückzug über den Strom gehörten zu den gefeiertsten Kriegsthaten der Zeit. Einzig und allein dem Angriffe Preussens hatte der Kaiser die nochmalige Rückkehr in die ererbten Lande zu verdanken.

Es war begreiflich, dass er, durch Krankheit tief gebeugt, im Bewusstsein des nahen Todes, kein sehnlicheres Verlangen kannte, als die Ruhe des Friedens. Auch mochte er mehr als je hoffen, einen vorteilhaften Vergleich schliessen zu können, jetzt, wo er nach frisch erkämpftem Siege der Königin als Herr seines Landes ebenbürtig gegenüberstand; zumal ihr soeben erst in Preussen ein neuer Gegner erwachsen war. Aber gerade um mit Karl zu einem friedlichen Abschlusse nach ihrem Sinne gelangen zu können, verdoppelte Maria Theresia ihre kriegerischen Anstrengungen.

Da der Kaiser die Oberpfalz nicht aufgeben und, wie Bellisle geraten haben soll[1]), die gesamten Streitkräfte hinter die Isar zurückziehen wollte, mussten die Bayern auch diesmal wieder in weit entlegenen Quartieren überwintern. Es war der alte Fehler, der sich schon einmal so schwer gerächt hatte. Auch jetzt stützte Maria Theresia auf ihn ihren Kriegsplan. Mitten im Winter 1744 musste Feldzeugmeister v. Thüngen in der Oberpfalz die Operationen eröffnen, um zunächst die Verbindung mit Ingolstadt herzustellen[2]), dem festen Stützpunkt Oesterreichs im westlichen Bayern. Im Januar wurde Amberg, wenig später auch das befestigte Neumarkt umlagert. Seckendorf, welcher völlig seine Pflichten als Feldherr vernachlässigte, begnügte sich, am 15. Januar an Segur die Aufforderung zu senden, die wichtigen Städte zu retten.[3]) Doch der Befehl kam zu spät. Am selben Tage ergab sich das feste Neumarkt den Siegern. Die Besatzung, noch 1790 Mann stark[4]), streckte die Waffen. Dadurch war die Ver-

noch Ranke finden sein Verhalten äusserst befremdend. Dagegen sehen wir in der österreichisch-militärischen Zeitschrift 1823 (Feldzug des Prinzen Karl von Lothringen im Jahre 1744 im Elsass) die Ansicht vertreten, dass Seckendorffs Streitkräfte für einen Angriff zu schwach gewesen seien, freilich mit dem Zusatz: »Es erhellt nicht, ob diese oder andere Gründe ihn bestimmten, den Angriff aufzugeben.«
[1]) S. »Ursachen, welche Ihro Churfürstliche Durchlauchtigkeit von Bayern bewogen mit Ihro Mayestät der Königin von Ungarn einen Vergleich zu treffen.« Abschriftlich im W. Kr. Ar., abgedruckt in der »Neuen Sammlung von Staatsschriften nach Ableben Karls VII.«, (B. I S. 647 ff.) Ueber den Wert dieser Publikation siehe Seeländer: »Graf Seckendorff und der Friede von Füssen.«
[2]) Batthiany an Grossherzog Franz, 6. Januar. W. Kr. Ar.
[3]) Originalbrief im W. Kr. Ar.
[4]) Spezifikation über am 15. in Neumarkt gemachte Gefangene. W. Kr. Ar. In der Oesterreich.-Militär. Zeitschrift 1826, B. I S. 88 wird die Zahl der Gefangenen auf 1054 berechnet.

bindung mit Ingolstadt hergestellt, die Oberpfalz den Bayern wieder so gut wie gänzlich entrissen. Das Schlimmste war, dass die Franzosen sich weniger wie je willens zeigten, der bayerischen Sache noch weitere Opfer zu bringen. In einer Konferenz zu Versailles vom 7. Januar soll offen die Frage erwogen worden sein, ob es nicht für Frankreichs Heil das Ratsamste wäre, selbst Frieden zu schliessen und auch den Kaiser zu einem Vergleiche zu bewegen.[1]) Gerade vor Frankreich aber waren in Wien die Befürchtungen am grössten; wenn Marschall Maillebois seine 18,000 Mann am Mittelrhein mit den in Schwaben einquartierten Streitkräften vereinigte, welche auf 33 Bataillone und 76 Eskadrons geschätzt wurden, so konnte der Feldzug von 1741 leicht eine Wiederholung erfahren.[2]) In der That jedoch ist der kühne Gedanke an einen Heereszug donauabwärts von französischer Seite nicht mehr erwogen worden. Die bitteren Erfahrungen aus den Kämpfen in Bayern und Oesterreich warnten vor einem wiederholten Wagnisse in diesem Sinne. So sah sich Bayern fast nur auf eigene Kraft gestellt, welche der des Hauses Oesterreich in keiner Weise gewachsen war.

Diese Ueberzeugung, sowie die wachsende Befürchtung, noch einmal als Flüchtling sein Land verlassen zu müssen, hatten Karl bewogen, nochmals den Weg der Versöhnung einzuschlagen.[3]) Er mochte fühlen, dass es rasch mit ihm zu Ende gehe, und wollte sein Land nicht im Unfrieden zurücklassen und seinem jungen Nachfolger ein gleich hartes Geschick ersparen, wie es ihn selbst betroffen hatte. Daher entsandte er den Freiherrn v. Raab zu Rauenstein an den greisen Fürstbischof von

---

[1]) Abschrift eines Schreibens aus Paris vom 18. Januar. M. St. Ar.

[2]) Nota für einen Hochlöbl. Hofkriegsrat vom 8. Januar. W. St. Ar. Kriegsakten 351.

[3]) Seit dem Breslauer Frieden hatten die Verhandlungen eigentlich nie ganz geruht. Bayern wollte Maria Theresia behalten; der Gedanke, wie Karl dafür am besten entschädigt werden könne, bildete den Gegenstand der verwickeltsten Kombinationen, liess die wunderlichsten Projekte zu Tage treten. Da sollte Bayern bald gegen die Niederlande ausgetauscht werden (vgl. historische Sammlung von Staatsschriften B. II S. 233—246: Vorschlag zu einem Frieden zwischen Bayern und Oesterreich von Prof. Schmauss, dem bekannten Staatsrechtslehrer i. Göttingen), bald gegen ein neuzubildendes Reich aus den französischen Eroberungen von Elsass, Lothringen und Burgund; sogar an eine Entschädigung für Karl im südlichen Italien ist allen Ernstes gedacht worden. Alle diese Verhandlungen waren an der Weigerung des Kaisers gescheitert, seine Erblande aufzugeben, und, wie wohl verlangt worden, seine Waffen gegen Frankreich selbst zu richten. (Vgl. sein Schreiben an Seinsheim vom 6. August. Heigel, Korrespondenz Karls VII. mit Graf Seinsheim, 1788—43. Abhandlungen der bayerischen Akademie, III B. XIV). Des Kaisers eigene Vorschläge, welche der Gesandte Hasslang in London vorbrachte und 1743 Prinz Wilhelm von Hessen in den Hanauer Verhandlungen mit König Georg von England vermittelte, hatten ebenfalls zu keinem Resultate geführt.

Bamberg und Würzburg, Karl Friedrich v. Schönborn, mit der Mission, denselben um seine Vermittlung zu bitten. Am 11. Januar kam Raab in Bamberg an, wo er dem Bischof den Wunsch des Kaisers überbrachte, auf Grund der schon zu Hanau 1743 gestellten Forderungen den Frieden einzugehen.[1]) Jener versprach, sich der kaiserlichen Sache anzunehmen. Seine Absicht ging dahin, den österreichischen Gesandten in Mainz, Baron Karl Heinrich v. Palm, zu sich zu berufen, ihm des Kaisers Forderungen als seine eigenen Vorschläge zu eröffnen und ihn schliesslich zu veranlassen, dieselben in Wien der Königin zur Begutachtung vorzulegen.[2])

Doch ehe es dazu kam, hatte sich Kaiser Karls Schicksal erfüllt. Die Furcht vor einer nochmaligen Vertreibung mag sein Ende beschleunigt haben.[3]) Am 20. Januar 1745 schied er aus einem Leben, das ihm so wenig Glück beschieden hatte. Ueber seiner kaum geschlossenen Gruft erhob sich ein Spiel der Intriguen, wie es eben nur da möglich war, wo sich Interessen der verschiedensten Richtung kreuzten und befehdeten.

---

[1]) B. v. Raab an Preising. 13. Januar. Or. K. B. Geh. St. Ar.
[2]) B. v. Raab an Kaiser. 14. Januar. Or. ebenda.
[3]) Klinggräffens Bericht vom 19. Januar. Polit. Korresp. B. IV, S. 71 und Reskript an Palm, Wien 5. Februar 1745. Häberlin, Staatsarchiv B. V, S. 108.

I. Kapitel.

Die Parteien am Münchener Hofe nach dem Tode Kaiser Karl VII.

AS Ableben Kaiser Karls war ein politisches Ereignis von weittragendster Bedeutung. [1]) Begreiflich genug, wenn wir die gleichzeitige politische Lage ins Auge fassen und uns die Hoffnungen und Befürchtungen vergegenwärtigen, welche mit seiner Person verbunden waren. Mit lauter Genugtuung wurde die Nachricht in Wien begrüsst, wo sich hiedurch die Zukunft völlig gelichtet hatte. [2]) Es war wieder einmal eins jener »Mirakel des Hauses Habsburg«, über welche Friedrich der Grosse sich so oft mit Bitterkeit geäussert hat. Maria Theresia übersah sofort die volle Bedeutung des Ereignisses; von diesem Augenblicke an leistete sie ernsthaft Verzicht auf alle Pläne, sich in Bayern ein zweites Schlesien zu erobern. [3]) Hatte sie schon früher bei Friedrichs Schilderhebung für den

---

[1]) »Voila encore un grand événement qui changera bien les scénes,« schreibt Friedrich am 26. Januar an seinen Gesandten Andrié in London (nicht an Klinggräffen, wie Raumer in seinem Werke König Friedrich II. und seine Zeit, S. 209 anführt). S. Polit. Korresp. B. IV, S. 23 und Friedrich an Andrié vom 27. Januar ebenda S. 26.

[2]) »Der Todesfall des Kurfürsten von Bayern hätte menschlichen Ansehen nach vor das österreichische Ertzhaus« zu keiner gelegener Zeit erfolgen können, und ist hierbey abermahlen die göttliche Provedenz, welche über Ihre Mayestät die Königin wacht, augenscheinlich wahr zu nehmen.« S. Reflexions über das Absterben des Kurfürsten von Bayern. W St. Ar. Vorträge 80 Maria Theresia pflegte, wie die Habsburger alle, sich gerne bei glücklichen Ereignissen auf den »sichtbaren Schutz« Gottes zu berufen.

[3]) Zumal Bartensteins »Lieblingsgedanke« war es gewesen, das verlorene Schlesien durch Bayern zu ersetzen. »Denn mit richtigem Blicke erkannte er schon damals, dass, wenn Oesterreich nicht in Deutschland selbst eine Entschädigung für Schlesien zu erlangen vermöge, früher oder später seine Suprematie in Deutschland an das mit allen Mitteln darnach strebende Preussen verloren gehen müsse. (Vgl. Joh. Christoph Bartenstein und seine Zeit; Arneth in dem Archiv für österreichische Geschichte B. XXXXVI S. 42) Diesen Gedanken liess Maria

2*

Kaiser den Gedanken an eine Wiedereroberung ihres alten Erb-
landes ins Auge gefasst, so war ihr dessen Verwirklichung doch
erst jetzt nahe gerückt, wo sie Hoffnung hatte, sich eines so
hartnäckigen Gegners wie Bayern endgiltig zu entledigen, damit
dem gefürchteten Flankenkriege ein Ende zu machen und ihre
gesamten Streitkräfte gegen Friedrich einzusetzen. Auch stieg
damit die Aussicht, für ihren Gemahl doch noch die Kaiserkrone
zu erwerben, ein Ziel, welches sie von nun an ebenso folgerichtig wie beharrlich verfolgt hat.

Ein um so härterer Schlag war der Tod des Kaisers für
die preussische Politik, zumal man hier wie überall über die
Pläne des Münchener Hofes im Unklaren war. Wir sehen, wie
Friedrich sofort in die Verhältnisse daselbst einzugreifen suchte,
um sie zu seinen Gunsten zu gestalten und den jungen Kurfürsten zur Fortsetzung der Kaiserpolitik seines Vaters zu veranlassen. Scharfsichtiger als sein Gesandter in München erkannte
er vom ersten Augenblicke an die Wahrscheinlichkeit eines
Separatfriedens Bayerns mit Oesterreich.[1]) Er verfehlte daher
nicht, den jungen Kurfürsten seines Beistandes zu versichern und
ihn zugleich an die Gemeinsamkeit ihrer beiderseitigen Interessen
zu erinnern.[2])

Auch in Frankreich, wo Hof und Volk des opfervollen,
ruhm- und erfolglosen Krieges schon herzlich müde waren[3]),

Theresia wieder fallen, als ihr der erneute Angriff Friedrich's 1744 die Aussicht
bot, Schlesien zurückzugewinnen. Ranke meint daher, dass der preussische Einfall
in Böhmen »mit nichten Schrecken, noch auch eine sehr ernstliche Besorgnis,
sondern eher entgegengesetzte Empfindungen« erweckt habe. (Preuss. Geschichte
B. III S. 179.)
   [1]) S. Friedrich an Klinggräffen, 9. Februar, Polit. Corresp. B. IV S. 40.
   [2]) S. Friedrich an den Kurfürsten, 5. Februar, K. B. Geh. St. Arch.
   [3]) Die Stimmung, welche die Nachricht im französischen Volke hervorrief,
kennzeichnet ein in diesen Tagen entstandenes Lied, welches sich abschriftlich
im Mainzer Archiv befindet. Der österreichische Hofkanzler Ulfeld hatte es am
5. März an Kesselstatt gesandt.

Chanson sur l'air de Mr. le Prevot des Marchands.

,La nuit du vingt au vingt et un
Monsieur l'Empereur est defunt
Il est mort d'avoir rendu l'âme
Et par ce coup d'un sort malin
Veuve est resteé sa pauvre femme
Et Monsieur Son Fils Orphelin.

S'il a bien ou mal fait
On en jugera par l'effet
S'il donne la paix à la France,
Il ne peut qu'en être approuvé
Mais s'il nous remet en depense
C'est bien le tour d'un reprouvé.

wurden neue Pläne und Entwürfe an den Todesfall geknüpft. Ludwig XV. selbst nahm die Nachricht mit jener Gelassenheit hin, welche seinen Urgrossvater bei solchen Gelegenheiten zu charakterisieren pflegte. [1]) Es ist damals thatsächlich, wenn auch nur vorübergehend, an eine Aussöhnung mit Oesterreich gedacht worden.

Zunächst freilich waren alle Pläne eitel, so lange man nicht wusste, wie der junge Kurfürst Max Joseph sich selbst zu der Frage der Succession stellen würde. Mit Spannung wurden daher an den europäischen Höfen, zumal in Wien, die ersten Aeusserungen seiner Politik erwartet. Die Frage, ob er die Titel seines Vaters als Erzherzwg von Oesterreich und König von Böhmen annehmen werde, bewegte aller Gemüter. [2]) Rühriger denn je waren die Federn der Publizisten in Bewegung; die Ungewissheit der nächsten Zukunft liess ihrer Phantasie den weitesten Spielraum.

Freilich herrschte in München selbst über die zunächst ein-zuschlagenden Schritte durchaus keine Klarheit. Kaiser Karls Ableben hatte hier eine Verwirrung zur Folge, welche um so grösser war, je unerwarteter dieses Ereignis in die Kombinationen der leitenden Kreise eingegriffen hatte, und je willenloser der junge, von seinem sterbenden Vater eben erst mündig erklärte Fürst, statt über den Parteien zu stehen, um sie zum Massvollen zu lenken, ihren wechselnden Einflüssen selbst hingegeben war.

On va pour l'éducation
Mettre son fils en pension
Et la veuve qui se lamente
L'Europe va faire un effort
Pour la faire entrer gouvernante
Des enfants de Mr. Dufort. [*])

*) Dufort est un fermier General.

Diese Anspielung auf einen Generalpächter, namens Dufort, ist mir nicht recht verständlich. Vgl. ferner den Bericht Chambrier's aus Paris bei Ranke, B. III S. 217. Anm. , . . ils tous envisagent cette mort comme un moyen, qui leur procureroit la paix.'

[1]) Die »Neue Europäische Fama« (T. 117 S. 797) weiss zu berichten, dass der König nach Empfang der von Chavigny entsandten Depesche am Abend des 25. Januar dieselbe ruhig einsteckte und dann soupierte, ohne ein Wort davon zu sagen. Erst nachher habe er den Tod des Kaisers in kühlen Worten bekannt gegeben und mit dem charakteristischen Ausruf seine Mitteilung beschlossen: »Was für Mühe und Arbeit ist für uns nun nicht vergebens«.

[2]) Siehe den Bericht des venetianischen Gesandten in Wien, Nicolo Erizzo vom 1. Februar: »Questa Corte intanto è nella grande attenzione di saper, quali saranno le risoluzioni del nuovo Elettore di Baviera. Il punto, sopra cui versa in ora la maggior curiosità, è del titolo, che sarà per assumer, poichè se prendesse quello di Re di Boemia e di Archiduca d'Austria, questo sarebbe un segno manifesto, che pensarebbe di continuare nelle massime del defonto Imperatore, suo Padre. W. St. Ar. Senato III (Secreta) 250.

Unerfahren in den Geschäften, niedergedrückt durch die Grösse des eben erlittenen Verlustes, stand der 17jährige Jüngling unentschlossen vor der Notwendigkeit, bezüglich der Nachfolge einen Entschluss zu fassen, vor dessen Folgen er zurückschreckte, ohne sie ganz zu überblicken.[1])

---

[1]) Seeländer (Graf Seckendorff und der Friede von Füssen) sagt zwar, dass Max Joseph sogleich entschlossen gewesen sei, die Ansprüche seines Vaters in vollstem Umfange aufrecht zu erhalten, dass er namentlich nach der Kaiserwürde mit einer »gewissen Leidenschaft« gestrebt habe (S. 44 u. 46). Er stützt sich dabei auf die Berichte Klinggräffen's vom 22. Januar, 6. Februar und 9. März. Dennoch halte ich diese Auffassung für unrichtig. Einmal aus äusseren Gründen. Einige davon, wie Max Joseph's Abneigung gegen Frankreich sowie die Ermahnungen des sterbenden Kaisers (Arneth III, 9) führte Seeländer selbst an. Sodann aber hatte nach unserer Ansicht der junge Fürst überhaupt noch keine eigene politische Meinung. (Vgl. W. St. Ar. Puncta, von Generalfeldzeugmeister v. Thüngen eingesandt: »Der junge Churfürst wäre so unwissend, dass selber sogar schon den feldmarschall Seckendorff zu Sich ruffen lassen, umb Ihme mit rathschlägen an Hand zu gehen, zu deme begreiffe Er nicht einmahl die kleinigkeiten, falls Er aber selbe begreiffe, hätte Er nicht das Hertz, seinem Ober-Cammerherrn Preysing, so dermahlen das meiste gehör hat, zu sagen, was Er am rathsamsten befunden«). Er folgte eben zumeist den Ratschlägen der Kaiserin, sowie Preysings, deren Ansehen anfangs dominierte (Arneth IV S. 400; Bericht des modenesischen Geschäftsträgers Chiochetti, 26. Februar). Diese beiden aber haben, wie wir wissen, sicherlich für den Frieden geredet. Zweitens aber wird den Angaben Klinggräffens in anderen gleichzeitigen Begriffen durchaus widersprochen. So schreibt am 1. Febr. Erizzo (W. St. Ar. Senato III, Secreta 261): ».... da buon fonte mi riviene che nonostante li efficacissime sollecitazioni di vari Ministri esteri, e particolarmente di quello di Francia Sig. Chavigny, non abbia voluto assumersi tal titolo, ma solamente quello d'Elettore « Diese »gute Quelle« des Venetianers ist offenbar der Bericht Stoppanis an Kardinal Paolucci, worin gesagt wird, dass der junge Kurfürst zur Aussöhnung mit Oesterreich hinneige (Arneth III 9). Wichtiger noch erscheint die Mitteilung, welche der Freiherr von Raab dem Fürstbischof von Bamberg und Würzburg, auf dessen Anfrage nach der Stimmung des jungen Max Joseph hin gemacht hat, dass der Kurfürst zum Frieden entschlossen sei, was den Bischof wiederum zu seinen beiden Schreiben an Starhemberg und Königsegg vom 26. Januar veranlasste. (S. Raabs Bericht an den Kurfürsten, 6. März, K. B. Geh. St. Ar.). Damit ist auch Seeländers Behauptung hinfällig, es stehe fest, dass der junge Kurfürst die Aussöhnungsversuche seines Vaters nicht fortgesetzt habe (S. 46). Schliesslich könnte man darin, dass der Kurfürst den Titel als Erzherzog annahm, nicht sowohl eine Fortsetzung, als darin, dass er den eines Königs von Böhmen nicht annahm, ein Einlenken gegenüber der väterlichen Politik erblicken, oder doch wenigstens ist das Bestreben ersichtlich, sich nach beiden Richtungen hin die Wege offen zu halten. Aehnlich ist diese Massregel vielfach in jenen Tagen aufgefasst worden. Das Grfl. Törr. H. Ar. verwahrt ein Originalschreiben des Herrn v. Montmartin aus Schweinfurt (wo sich derselbe, wie ich annehme, als bayerischer Gesandter am fränkischen Kreistage befand) an Grafen Emanuel v. Törring, den ersten bayerischen Wahlgesandten in Frankfurt, (der zweite war Baron von Raab), worin es heisst: ».... on soutient icy que le Prince royal (diese Titulatur wurde Max Joseph zur Zeit noch beigelegt) n' a pas pris le Titre de Roy de Boheme mais simplement d'Electeur et d'Archiduc d'Autriche; circonstance de la quelle on conclü qu' il est porté à s'accommoder avec la Cour de Vienne et d'abandonner totalement les maximes de Son Auguste Pere de Glorieuse memoire.«

Wir werden dieses Zögern des jungen Fürsten um so
begreiflicher finden, wenn wir uns die Gesinnungen der Männer
vergegenwärtigen, welche durch ihre Stellung in erster Linie
berufen waren, die fernere Politik Kur-Bayerns zu leiten.
Von jeher hatten hier zwei Parteien bestanden; als deren
Führer wir nunmehr die beiden Marschälle Seckendorff und
Törring bezeichnen können, von denen uns der letztere, Graf
Ignaz Felix Joseph v. Törring-Jettenbach, bayer. Feldmarschall
und Konferenzminister, so recht als eigentlicher Vertreter und
rücksichtsloser Verfechter der Grossmachtspolitik seines engeren
Vaterlandes gelten kann. Aus altbayerischem Geschlechte, welches
dem Lande schon manchen hervorragenden Mann gegeben hatte,
vertrat er jene traditionelle Richtung, welche ihr Heil im engsten
Anschluss an Frankreich erblickte. Bekanntlich ist von politischen
wie nationalen Gesichtspunkten diese durch Jahrhunderte fortgesetzte rückhaltlose Hingabe an Frankreich oft und scharf getadelt
worden. In der That hat auch das französische Bündnis dem
Bayerlande keinen Segen gebracht; es jedoch als undeutsch zu
verurteilen, kann vom Standpunkt jener Zeit aus betrachtet
sicherlich nicht für richtig gelten. Sehen wir doch häufig genug
deutsche Fürsten im Bunde mit dem Auslande sich gegenseitig
befehden und war doch das Bündnis gegen eine Macht gerichtet,
welche von vielen schon damals nicht mehr als eigentlich deutsch
angesehen wurde. Oesterreich hatte es seit langem verscherzt, die
deutschen Interessen nach Aussen hin zu vertreten; seine erbarmungs-
lose Kriegführung, getreu dem Losungsworte Maria Theresias,
»das Land (Bayern) soll nicht geschont werden«, war vollends
geeignet, dieser Ansicht auch weiterhin Geltung zu verschaffen.
Im magyarischen Süd-Osten lag sein politischer Schwerpunkt,
sowie der Kern seiner Wehrkraft; von hier, der Wurzel seiner
Macht, freilich auch seiner Schwäche, war ihm in den Stunden
der Gefahr die Rettung gekommen. Dabei kann jedoch nicht

Nicht unerwähnt soll ferner bleiben, dass auch sonst Klinggräffens Berichte
keineswegs stets unanfechtbar sind. Seiner Relation vom 13. März kann auch Seeländer keinen unbedingten Glauben schenken (S. 57), eine andere vom 4. Mai ist
voll von offenbaren Unrichtigkeiten (S. 60). Darnach soll Colloredo eher in Füssen
gewesen sein, als Fürstenberg; jedoch ist das Gegenteil erwiesen. Ferner spricht
der Bericht von Vorschlägen, welche Graf Loss, der sächsische Gesandte mitgeteilt habe; doch wir wissen, dass dieser überhaupt keine Vorschläge gemacht
hat, auch gar nicht hat machen können, da er von dem Wiener Hofe auf ausdrücklichen Befehl Maria Theresias »in generalibus« abgefertigt worden (Instruktion
an Colloredo. 10. März. W. St. Ar.; wie Seckendorff richtig erkannt hatte, Seckendorff an Praidlohn 4. März. M. St. Ar.). Gerade daraus, dass es bei den Verhandlungen so gänzlich übergangen worden, entsprang nach dem Abschluss des Friedens
der Unmut Sachsens. (Vgl. König August an den Kurfürsten, 28. Mai, und Baron
v. Wetzel an den Kurfürsten, 31. Mai. Beide Schreiben im M. St. Ar.).

geleugnet werden, dass Törring in seiner Hingebung an den westlichen Grossstaat allzuweit gegangen, denn indem er seinem politischen Streben die denkbar höchsten Ziele setzte, verschmähte er es nicht, sich zu deren Erreichung blindlings in Frankreichs Arme zu werfen. Im Wechsel des erbitterten Kampfes verlor er gänzlich den Weg zu einer aufrichtigen Versöhnung mit Oesterreich, und als derselbe dann von anderer Seite betreten wurde, musste er folgerichtig mit seinem Systeme fallen. Dass ihm daher schon von Zeitgenossen der Vorwurf nicht erspart geblieben, er sei von französischer Seite bestochen worden[1]), kann uns in einer Zeit nicht wundern, in welcher Bestechungen zu den beliebtesten und wirksamsten Künsten der Diplomatie gehörten und man von vornherein geneigt war, hinter politischen Handlungen persönliche Beweggründe zu suchen. Uebrigens wurde sein schroffer Standpunkt nur von den wenigsten Bayern geteilt, dafür hatte er begreiflicher Weise in den fremden Gesandten eine feste Stütze seiner Politik. Zumal der Vertreter Frankreichs Theodor de Chavigny, war ein Diplomat von ausserordentlicher Begabung, der freilich auch — hierin ein echter Schüler Fleurys — alle die kleinen Kunstgriffe und Ränke nicht verschmähte, durch welche damals nicht selten das Schicksal der Völker und Reiche entschieden wurde. Während er, vom Pariser Hofe nur wenig beeinflusst, durchaus selbständig handeln durfte und thatsächlich handelte, war der preussische Bevollmächtigte, der geheime Kriegsrat Joachim Wilhelm v. Klinggräffen, von den Weisungen seines königlichen Herrn durchaus abhängig; hinter Chavigny, an den sich zu halten ihm durch Friedrich ausdrücklich befohlen worden[2]), tritt er entschieden zurück.

Neben diesen Vertretern zweier so mächtiger Staaten verdienen die Gesandten von Spanien und Kur-Pfalz, del Bene und der Freiherr von Fürstenberg,[3]) eben nur genannt zu werden; beide haben auf den Gang der Entwicklung so gut wie gar nicht eingewirkt. Erwähnt sei noch der Vertreter von Kur-Mainz, Graf von Ostein, dessen politische Rolle jedoch bald darauf mit dem Erscheinen Kesselstatts zu Ende ging. Diesen Männern, welche durch die Einheit ihrer Interessen zu Gemeinsamkeit des Handelns gezwungen waren, stand die Friedenspartei gegenüber, deren unstäte Bestrebungen erst jetzt ein klares Ziel ge-

---

[1]) S. Erizzos Bericht vom 8. Mai (W. St. Ar.), wonach Törring seit Jahren von Frankreich Gelder erhalten habe; ähnlich Klinggräffen (Seeländer S. 31).

[2]) Friedrich an Klinggräffen; 29. Januar. Polit. Korresp. B. IV S. 28.

[3]) Nicht »Graf v. Fürstenberg«, wie ihn Klinggräffen in seiner Relation vom 25. April fälschlich nennt. Polit. Korresp. B. IV S. 145. Auch in dem Personenverzeichnis am Schluss findet sich der gleiche Irrtum (S. 396).

wannen, als Seckendorff, den meisten unbewusst, die Führerschaft
mit kluger und geschickter Hand ergriff. Hatte dieser schon als
Feldherr die auf ihn gesetzten Hoffnungen getäuscht und durchschlagende Erfolge nicht zu erreichen vermocht, wahrscheinlich
auch gar nicht erreichen wollen, so sollte er jetzt als Diplomat, als
ein Meister der Intrigue und arglistigen Berechnung dem Lande
geradezu verhängnisvoll werden. Seine unvergleichliche, schon so
oft bewährte Kunst, sich unter der Maske des Biedermannes seiner
Umgebung angenehm und unentbehrlich zu machen, hatte ihm
schon das Vertrauen Karls gewonnen, welcher ihm noch zuletzt
die Fürsorge für seinen Nachfolger ans Herz gelegt haben soll.
Mochte er auch dem Volke als Ausländer und Lutheraner ver-
hasst sein, bei den Grossen des Hofes waren seine Talente sowie
seine langjährige Erfahrung voll anerkannt und gewürdigt. Hinter
ihm stand Schulter an Schulter die starke Partei der böhmischen
Exulanten, wie die Gräfin Kinsky, die Grafen Wrbna und Dohalsky,
sowie noch viele andere, von denen manche, wie Graf Johann
Wenzel v. Kaiserstein[1]), in ihrer neuen Heimat schon zu an-
gesehener Stellung gelangt waren. Ihnen musste der Friede
erwünscht sein, da sie nur durch ihn hoffen durften, wieder in
den Besitz ihrer verlorenen böhmischen und österreichischen Güter
zu gelangen.

Doch auch von den Nationalbayern neigte die grosse Mehrzahl zu einem ehrenvollen Vergleiche. So auch der Vizekanzler
Freiherr Franz v. Praidlohn, welcher dem Grafen Seckendorff
besonders nahe stand, dessen spätere Bemühungen für den
Frieden er zeitweilig aufs wirksamste unterstützte. Soferner der
frühere Reichsvizekanzler, Graf Johann Georg v. Königsfeld, so
der Obersthofmeister Fürst Joseph von Fürstenberg, welche
sich beide, wie wir noch später sehen werden, nur zu durchaus
eigennützigem Zwecke an dem Friedenswerke beteiligten; keiner
von ihnen eine hervorragende Persönlichkeit; der letztere sogar
geradezu zu jenen hochgeborenen Männern ohne Geist und Charakter
gehörend, wie wir sie in der Geschichte der deutschen Fürsten-
höfe des vorigen Jahrhunderts häufig genug zum Verderben
ihres Landes in bedeutenden Stellungen finden. Eine mehr ver-
mittelnde Haltung beobachtete der Obersthofkämmerer Graf
Max Emanuel Franz v. Preysing, der anziehendste Charakter am
Münchener Hofe, als Staatsmann wie als Mensch gleich offen
und ehrlich. Auch er wünschte den Frieden, um das Land
endlich von dem fast unerträglichen Kriegselend zu erlösen;
freilich nicht um den hohen Preis, welcher später dafür bezahlt

---

[1]) Er war von Karl VII. zum kaiserlichen Kriegskommissar ernannt worden.

worden, und an welchen damals noch niemand gedacht hat. Neben
der verwitweten Kaiserin Marie Amalie, welche von jeher zur
Versöhnung geraten hatte, besass er den meisten Einfluss auf
dem jungen Fürsten.[1]
Es kennzeichnet übrigens die in München herrschenden
Verhältnisse, dass es daselbst einzelne Männer wie ein Graf
Seydewitz wagen durften, offen und ungestraft mit dem Wiener
Hofe zu korrespondieren.[2]
Dass bei derartigen Gegensätzen der leitenden Personen von
einer zielbewussten Politik keine Rede sein konnte, ist ersichtlich.
Unstät schwankte das Staatsschiff hin und her; immer
wieder suchten die einzelnen Parteien sich des Steuerruders zu
bemächtigen, um es in ihrem Sinne zu handhaben.
Ein wirres Spiel allgemeiner Interessen und persönlicher
Bestrebungen, nationaler Tendenzen und kleinlicher Gesichtspunkte,
das war die Signatur der Politik des Münchener Hofes nach
Karls VII. Ableben.

[1] S. Erizzos Bericht vom 1. Februar (W. St. Ar.) und Chiochettis Bericht
(bei Arneth IV S. 400, Anm. 14).
[2] Praidlohn an Seckendorff, 2. März. M. St. Ar.

II. Kapitel.

Die Vermittelungsversuche der neutralen Fürsten und Seckendorffs entscheidendes Eingreifen in die Unterhandlungen.

MAN darf nicht glauben, dass die Parteien für und wider den Frieden sogleich nach Karls Tode sich geschlossen gegenübertraten; vielmehr nahmen, wie begreiflich, erst im Verlaufe der Unterhandlungen die einzelnen Männer ihre Stellung zu der bedeutsamen Frage, schlossen sich an Gleichdenkende an und fanden deren Unterstützung.

So sehen wir Seckendorff vorübergehend ganz von dem Schauplatz der Ereignisse verschwinden, und doch ist gerade er schliesslich die treibende Kraft des Ganzen geworden. Der Tod des Kaisers bot ihm die gewünschte Gelegenheit, den in seinem Innern schon längst gereiften Entschluss [1]) auszuführen. Am 22. Januar teilte er dem Kurfürsten mit, dass nach seiner Meinung mit Karls Tode auch seine »Denenselben als Römischen Kayser gewidmete getreueste Dienste« beendet seien und bat, ihn seines Feldherrnamtes zu entbinden. [2]) Um den Ernst dieses Entschlusses

---

[1]) Schon seit einem Jahre beschäftigte ihn der Gedanke an einen Rücktritt. S. Graf v. Bayern an d'Argenson; den 14. Mai 1744: »... vous verrez dans cette Lettre ce que je pense de Mr. de Seckendorf, remarqué que c'est après l'entrevue qu' il a eut avec Mr. le Maréchal de Coigny que Mr. de Seckendorf menace de quitter l'Armée.« Camp. de Coigny B. V S. 90. Die zahlreichen gegen ihn gerichteten Anfeindungen (Seeländer Kap. I) waren nur geeignet ihn in diesem Entschlusse zu bestärken. Am 28. Dezember 1744 wandte er sich daher schriftlich von Augsburg aus an den Kaiser mit der Bitte, ihn seiner Dienste zu entlassen. Auf dessen Verlangen begab er sich dann am 9. Januar 1745 nach München, woselbst er in »öfters gemachten Aufwartungen und Audienzien« sein Gesuch wiederholte. S. Seckendorffs Schreiben an den Kurfürsten vom 22. Jan. Grfl. Törring. H. Ar.

[2]) S. sein Schreiben vom 22. Januar an den Kurfürsten. Grfl. Törring. H. Ar. Vgl. ferner Seckendorff an Ségur; 23. I 45. »Ce changement me met hors de l'activité de ma charge, car ayant été Maréchal de l'Empereur et General de l'Empire si tot que le premier decede je suis sous les ordres des Vicaires de l'Empereur jusqu' à ce qu' on aye elu un autre Chef.« W. Kr. Ar. S. ferner Seckendorff an Friedrich vom 30. Januar: A l'heure qu' il est avec la malheureux mort de l'Empereur mes services, que j'avois devoué à un Empereur et jamais

zu kennzeichnen, verliess er München und begab sich nach Augs·
burg, von wo er Batthyany den österreichischen Oberfeldherrn um
einen Pass ersuchte, da er, wie er vorgab, entschlossen sei, sich un·
verzüglich nach seinem sächsischen Gute Meuselwitz zurückzu·
ziehen.[1] Wieder einmal verliess er »das scheiternde Schiff«, um
sich bei Zeiten zu sichern.[2] Dass sein Verfahren einer Rechtferti-

à un Electeur se finissent et je ne peux pas me comporter autrement que comme
j'ay fait après la mort de l'Empereur Charles VI. W. St. Ar. Der Brief war
von den Oesterreichern aufgefangen worden (Polit. Korresp. Friedrich an Seckendorff 3. März, B. IV S. 74). Auch Klinggräffen berichtet hierüber am 26. Januar.
S. Polit. Korresp. B. IV S. 36 und 37. Ganz ebenso hatte Seckendorff auch
dem Feldmarschall Törring gegenüber in mündlicher Unterredung seinen Entschluss zu motivieren gesucht. Törring bemerkt hierzu in seinem Berichte an Spon,
28. Januar (Grfl. Törr. II. Ar.) »... Je n'ay pû m'empêcher de témoigner
a Mr mon extreme surprise d'une résolution si prompte et si peu attendüe, je
luy ai dit, que je ne comprenois point l'incompatibilité qu'il trouvoit à commander
l'armée de l'Electeur de Baviere composée de troupes Nationnales et auxiliaires,
je luy ay representé ce qu'il devoit à l'estime et à la confiance que feu l'Empereur
luy avoit témoignées, qui devvient s'engager à rendre à son fils les mêmes bons
services qu'il avoit rendus au Pere, mais tout cela a été inutile, et rien n'a été capable
d'ébranler la résolution qu'il a prise de quitter le Commandement de l'armée et de se
retirer dans l'Empire.« Der Bescheid des Kurfürsten, in welchem er den Marschall
»der obgehabten Dienste und Pflichten mit allen gnaden« entliess, erfolgte erst
am 16. Februar (enthalten in dem Gräfl. Törr. II. Ar.). Man kann daher nicht mit
Seeländer (S. 44), gestützt auf die Berichte Klinggräffens vom 23. und 26. Januar
behaupten, dass Seckendorff schon am 23. Januar sein Oberkommando nieder-
gelegt habe; hierzu war doch immer erst auch nach dem Tode des Kaisers noch
die Genehmigung seines Kriegsherrn notwendig.

[1] »Puncta, vom Feldzeugmeister v. Thüngen eingeschickt.« W. St. Ar. Kriegsakten. Abgedruckt bei Häberlin V.

[2] S. Anmerkung 2 S. 27. Aehnlich wie er handelte auch der Gesandte in
Berlin, der bekannte Publizist Baron von Spon, welcher erklärte, dass er sich durch
die Entsendung des General Mortagne nach Berlin, sowie den Tod des Kaisers
seiner Dienste enthoben erachte; denn wie er am 30. Januar an Törring schrieb
(enth. im Grfl. Törr. II. Ar.): »mes lettres de créance n'on plus de forces, de façon
que je suis icy sans caractere; je n'ay point d'ordre de notifier la mort du Monarque
deffunt; cependant tout Berlin croit qu'il est de la bienseance que je drappe mes
Chambres es mes equipages en noir. M. de Mortagne étant icy pour les affaires
de la Cour de Munic y rend ma presence inutile.« Am 11. Februar verabschiedete
er sich schriftlich von Friedrich, welcher seinen Brief am 12. von Potsdam aus in
schmeichelhafter Weise erwiederte (beide Schreiben abschrift. im Grfl. Törr. II. Ar.).
Vom 13. ist sein Schreiben an Törring datiert, worin er diesem eröffnete, dass er
nunmehr Berlin verlassen und sich nach Strassburg begeben werde, »ou je trou-
veray« — so fährt er fort — »une femme bien affligée de ce que luy aye dissipé
sa dotte et que les bijoux, dont notre Excellence l'avoit flatté, n'aient consisté
qu'en simples promesses.« Hierin haben wir offenbar auch den eigentlichen Grund
seines eigenmächtigen Schrittes zu suchen. Uebrigens ist er schliesslich doch in
seiner alten Stellung verblieben und hat Berlin wenigstens damals noch nicht ver·
lassen (dies geht aus seinen weiteren Berichten an Törring hervor; im Orig. enth.
im Grfl. Törr. II. Ar.). In München war die Nachricht von seiner Entfernung aus
Berlin zeitweise allgemein verbreitet; die Entrüstung hierüber, war ganz ausserordentlich. Vgl. Seck. an Prdl., 2. März. M. St. Ar.

gung bedurfte, hat er selbst empfunden. Sie konnte seinem Sophismus nicht schwer werden. Indem er sich auf seine Würde als Reichsfeldmarschall berief, erklärte er, seiner Dienste in Bayern enthoben zu sein, da er sie ja nicht dem Kurfürsten, sondern dem Kaiser gewidmet hätte. Seine einzige Aufgabe müsse nunmehr sein, für die gefährdete Reichsfestung Philippsburg, die ihm anvertraut worden, Sorge zu tragen, um sie verteidigungsfähig zu machen und gegen einen Handstreich, sei es von Seiten Oesterreichs oder Frankreichs zu schützen.[1])

Natürlich war dies nur ein Vorwand. Dagegen mögen zu seinem Entschlusse die zahlreichen früheren Anfeindungen beigetragen haben; hauptsächlich ist er zweifellos aus dem Bestreben hervorgegangen, eine Sache zu verlassen, die er selbst für verloren hielt, sowie aus der Erfahrung, dass Ruhm und vor allem Geld in bayerischen Kriegsdiensten für ihn nicht mehr zu erhoffen seien. Moralische Bedenken kannte er jetzt ebenso wenig, wie ehedem, da er Oesterreichs Sache zu einer Zeit verliess, wo es seiner begabten Männer am meisten bedürftig war.

Doch auch mit seiner angeblichen Absicht, sich nach seinem sächsischen Landsitz zurückzuziehen, ist es ihm gewiss nicht allzu Ernst gewesen. Wenigstens widerspricht sein Verhalten durchaus diesem Vorhaben.

Wenige Tage später sehen wir ihn schon wieder in lebhaftem Briefwechsel mit dem Vizekanzler v. Praidlohn und von da an hat er in stets steigendem Masse die Politik des Münchener Hofes beeinflusst. Mochte einerseits die beschauliche Ruhe des Landlebens an und für sich für den alten Politiker wenig Verlockendes haben, so durfte er andererseits im Falle seines Bleibens hoffen, sich durch geschickte Vermittelung in Oesterreichs Sinne dessen Anerkennung zu verschaffen und damit, was bei ihm am meisten galt, die Befriedigung der materiellen Ansprüche zu erlangen, zu welchen er sich für berechtigt hielt. In dieser Erwägung wandte er sich jetzt an die »weltberühmte Gerechtigkeit« Maria Theresia's mit der Bitte. ihm die für sein früheres österreichisches Regiment Marschall verausgabten Gelder zurückzuerstatten, welche mehr als 20000 Gulden betragen sollten.[2])

---

[1]) In der That hat er auch Versuche gemacht, für eine stärkere Armierung der Festung Geldmittel zu erhalten. S. seine Schreiben vom 29. Januar an den Kurfürsten von Mainz, W. Kr. Ar.; vom selben Datum an König August, Mainz. Ar. und vom 30. Januar an Praidlohn, M. St. Ar.

[2]) S. seine beiden Schreiben vom 29. Januar an Graf Batthyany und General-Feld-Wachtmeister B. von Marschall (den nunmehrigen Inhaber seines früheren Regimentes) W. Kr. Ar.

Bezeichnender noch für Seckendorffs Charakterlosigkeit und Habgier ist die Thatsache, dass er zur selben Zeit auch König Ludwig mit dem Ersuchen anging, ihn für die in Kaiser Karls Diensten gebrachten Opfer zu entschädigen, welche er genau genug auf 23555 Gulden 38 Kr. berechnete. Diese Schuld sollte entstanden sein, einmal dadurch, dass Seckendorff das Tafelgeschirr Karls, welches im vergangenen Jahre auf seinen (Seckendorffs) Wunsch hin hatte verpfändet werden müssen, durch eigene Mittel auslöste, dann aber auch aus dem ihm schuldig gebliebenen Gehalte.[1] Man sieht, es verursachte ihm keinerlei Bedenken, die Mildthätigkeit des ihm von jeher verhassten Frankreich im selben Augenblicke anzurufen, wo er sich anschickte, es Oesterreichs Rache preiszugeben.

Inzwischen hatten in Folge der Entfernung Seckendorff's Törring und Chavigny am Münchener Hofe entschieden an Boden gewonnen. Zwar, dass der junge Kurfürst sofort den Titel eines Erzherzogs von Oesterreich annahm,[2] dürfte schwerlich auf ihren Einfluss allein zurückzuführen sein. Vielmehr entsprang diese Massregel dem allseitigen Verlangen, sich bei der herrschenden Verwirrung und Unklarheit der Verhältnisse nach keiner Richtung hin bindend und deutlich zu erklären, dabei aber doch andererseits auf den Wiener Hof einen gewissen Druck zur Nachgiebigkeit auszuüben. Die Berichte des Nuntius Stoppani bezeugen,[3] wie sehr anfangs die Stimmung dem Frieden geneigt war. Dagegen macht sich doch schon Ende des Monat Januar ein Einfluss der französischen Partei bemerklich. Ganz deutlich ist derselbe erkennbar in einem vom 30. Januar datierten »Zirkular - Reskript an die auswärtigen Minister«,[4] in welchem dargelegt wurde, wie

---

[1] Vgl. sein Mémoire vom 26. Januar. W. Kr. Ar. In der That hat Chavigny in seinem Antwortschreiben vom 21. Februar (ebd.) ihm die Rückerstattung seiner Forderung zugesagt. Wie sehr man damals in Frankreich bestrebt war, Seckendorff zu gewinnen, geht auch aus zwei Schreiben d'Argensons an den Grafen vom 28. Febr. und 13. März hervor (ebd.). Erst als seine Stellungnahme gegen Frankreich offenbar wurde, ging man trotz eines neuen Schreiben Seckendorffs vom 26. Febr. (ebd.) von dem Versprechen einer Zahlung ab. Zwar soll ihm später Chavigny noch einmal im Auftrage des Pariser Hofes eine Erfüllung seiner Bitte zugesagt haben (nach einem Originalschreiben des Grafen Schaffgotsch; dasselbe ist undatiert, doch geht aus dem Inhalt hervor, dass es nach dem 5. Mai geschrieben worden W. St. Ar.), doch hat eine solche thatsächlich nicht stattgefunden. Denn das Geldgeschenk, welches Louis XV. dem Grafen am 20. Mai 1759 im Betrage von 10000 Lire gemacht hat, dürfte damit wohl in keinem Zusammenhange stehen (vgl. Arnold Schäfer, Geschichte des 7jährigen Krieges. B. II S. 204.).

[2] Vgl. die Ansicht Friedrichs hierüber, Reskript an Klinggräffen vom 29. Januar. Polit. Korresp. B. IV S. 29.

[3] Siehe oben. Ebenso wird uns dies durch den bekannten Brief des Würzburger Bischofs an den Wiener Hof vom 26. Januar erkennbar.

[4] Der eigentliche Titel lautet: »Circular-Rescript Ihrer Churfl. Durchlaucht

Karl VII. stets den Frieden erstrebt habe, wie aber auch seine berechtigsten Forderungen von Maria Theresia zurückgewiesen worden seien. Am Schlusse dieses energisch gehaltenen Schriftstückes war deutlich ausgesprochen, dass Max Joseph alle Ansprüche seines kaiserlichen Vaters aufrecht halte, und keinesfalls gewillt sei, ohne genügende Entschädigung von denselben zurückzutreten. Doch dieses geharnischte Reskript, offenbar ein Produkt der Kriegspartei, ward zunächst nicht abgesandt. Man schreckte eben doch vor den letzten Konsequenzen zurück und wagte es nicht, diese offene Kriegserklärung in die Welt hinauszuschleudern, wodurch wahrscheinlich der zwischen München und Wien gesponnene schwache Faden endgültig zerschnitten und damit der Kampf zwischen Habsburg und Wittelsbach in eine neue Phase geleitet worden wäre. Wenigstens soviel hatten dadurch die Kaiserin und Graf Preysing erreicht, dass nicht alle Brücken abgebrochen wurden.

Wir werden Maria Theresia das Zeugnis nicht versagen können, dass sie zunächst ebenso massvoll wie zielbewusst zu Werke ging. Aus dem Schreiben des Bischofs von Würzburg, den Berichten ihres Feldzeugmeisters v. Thüngen, sowie indirekt aus denen des Nuntius Stoppani kannte sie die Friedensstimmung des Münchener Hofes zur Genüge. Daher wurde das Verbot für die österreichischen Heerführer, sich der Hauptstadt zu nähern, aufrecht erhalten; die günstige Gelegenheit, welche die Ratlosigkeit in Bayern einer energischen Kriegsführung geboten hätte, ward absichlich unbenutzt gelassen.

Nunmehr begann auch Seckendorff von Augsburg aus in höchst wirksamer Weise die Meinung des Kurfürsten zu Gunsten des Friedens zu beeinflussen. Der ihm gegenüber ausgesprochene

---

in Bayern an Dero Bey Teutschen und auswärtigen Höffen subsistirende Ministros. De dato München 30. Januar.« Die Archive in Wien und München bewahren mehrere gedruckte Exemplare. Abgedruckt ist das Reskript enthalten in »Neue Sammlung von Staatsschr. nach Ableben Karls VII.«, B. III S. 1011 ff. Sicherlich aber geht Graf Emanuel v. Törring. der Sohn des Feldmarschalls, zu weit, wenn er am 5. Februar aus Frankfurt, wo er sich als erster bayerischer Wahlgesandter aufhielt, an M. de Montmartin berichtet: »Quant a mon Cour je vous dirois, que l'Electeur mon Maitre est dans les meines sentiments que feu l'Empereur, qu'il a non seulement declaré, qu'il resteroit ferme dans toutes ses alliances, mais, qu'il etoit resolu de poursuivre avec toutes les forces possibles les droits incontestables, qu'il avoit sur la succession de la Maison d'Austriche Comme S. A. S E. ne pouvoit d'abord prevoir les sentiments de ses Alliés, Elle a hesité de prendre le titre de Roy, mais pour montrer au public qu' Elle songoit nullement par la preindicier a ses droits, Elle a ajouté a ses titres celui d'Archiduc d'Autriche.« Grfl. Törr. H. Ar. Man glaubt hier aus jedem Worte, den Grafen Ignaz v. Törring sprechen zu hören. Die Verhältnisse werden hier so geschildert, wie sie die beiden Törrings haben wollten, nicht aber, wie sie in Wirklichkeit gewesen sind

Wunsch des jungen Kurfürsten, ihm seine Ansichten über die politische Lage nicht vorzuenthalten,[1]) lieferte ihm den Vorwand zu einem äusserst lebhaften Briefwechsel mit Praidlohn, welchen der bekannte Augsburger Wechsler, Christian v. Münch, mit dem der Graf auch geschäftliche Beziehungen unterhielt, vermitteln musste.[2]) Auf diesem Wege teilte er am 3. Februar dem Vizekanzler mit,[3]) dass sicheren Nachrichten zufolge Preussen sich Oesterreich zu nähern suche; obwohl seine Anträge schon zweimal zurückgewiesen seien, würden dennoch die Verhandlungen unter Hannover's Vermittelung fortgesetzt. »Je souhaite que notre cher Electeur ne soit pas le dernier à faire sa paix«, schloss er sein Schreiben.

In der That hatte Friedrich nichts unversucht gelassen, einen allgemeinen Friedensschluss zu ermöglichen. Schon vor Karl's Tode war sein englischer Gesandter Andrié angewiesen worden, in diesem Sinne zu handeln.[4]) An die zeitweilige Entfernung des preussischen Etatsministers v. Borcke aus Berlin knüpften sich die beunruhigendsten Vermutungen.[5]) Gänzlich sind diese auch später nicht erloschen. Noch am 6. April weiss Maria Theresia in einem Reskript an Cobenzl zu melden: »Preussen klopft an alle Thüren an«[6]); ihre Furcht vor Friedrich war damals offenbar schon sehr geschwunden. Nicht ohne Grund wurde demnach das Gerücht von Preussens Streben nach Frieden verbreitet und erschreckte die Gemüter am Münchner Hofe. So viel hatte Jeder aus der Geschichte des Jahres 1742 gelernt, dass ein abermaliger Ausgleich Preussens mit Oesterreich Kur-Bayern auf das härteste treffen musste. Begreiflich genug, dass schon die blosse Möglichkeit hiervon neue Unruhe hervorrief und den Wunsch nach Frieden steigerte. Auch die beruhigenden Nachrichten des Gesandten am Berliner Hofe, Freiherrn v. Spon[7]), über die kriegerische Stimmung Friedrichs,

---

[1]) In seiner Beantwortung des Seckendorff'schen Entlassungsgesuches hatte der Kurfürst ihn ausdrücklich um seine ferneren »gedeylichen Ratschläge« gebeten. Kurfürst an Seckendorff, 16. Febr. Grfl. Törr. II. Ar. Hierauf berief sich Seckendorff in seinem Schreiben an Praidlohn vom 17. Febr. M. St. Ar. Auch sonst war seine Entlassung äusserst gnädig gewesen. Seinen Gehalt als Kommandant von Philippsburg bezog er seinem Gesuche gemäss weiter; sein Regiment erhielt sein ältester Vetter, der General-Feldmarschalllieutenant Baron von Seckendorff. S. des Kurfürsten Schreiben vom 16. Februar.
[2]) Seckendorff an Praidlohn, 4. März. M. St. Ar.
[3]) Enthalten im M. St. Ar.
[4]) S. Koser, König Friedrich der Grosse. B. I, S. 242.
[5]) S. Preussische Staatsschriften. B. I. 706. Anm. 2.
[6]) Enth. W. St. Ar. Vgl. Polit. Korresp. B. IV S. 76. Klinggräffen, 27. Febr.
[7]) S. die für die Verhältnisse am Berliner Hofe wertvollen Berichte Spons an Törring. Im Orig. enth. im Grfl. Törr. II. Ar.

die treffliche Rüstung seiner Armee vermochten an dieser Thatsache nichts zu ändern.

Seckendorff hat die Wirksamkeit dieses Gerüchtes wohl
vorausgesehen; immer wieder finden wir demzufolge in seinen
Briefen an Praidlohn die Befürchtungen eines preussisch-österreichischen Vertrages ausgesprochen.[1]) Dass er selbst von der Richtig-
keit seiner Angaben überzeugt gewesen, ist kaum zweifelhaft;
thatsächlich war freilich Maria Theresia niemals weiter von einer
Verständigung mit Preussen entfernt, als gerade jetzt, wo Sachsen
ihr im Warschauer Traktat vom 8. Januar seine Unterstützung
gegen den gefürchteten nördlichen Nachbar zugesagt hatte und
sich Hoffnung zeigte, Bayern selbst zur Mitwirkung an Schlesiens
Rückeroberung veranlassen zu können. Diese Absicht war jedoch
in München noch nicht bekannt, und deshalb konnten Seckendorffs Warnungen ihre Wirkung nicht verfehlen. Hiezu kam, dass
Törring, von einem alten Augenübel heimgesucht[2]), sich den
Geschäften nicht in dem Maasse widmen konnte, wie er es gerne
gewollt hätte.

So stand man am Münchner Hofe schon Mitte Februar
etwaigen Annäherungsversuchen Oesterreichs durchaus nicht in
so ablehnender Haltung gegenüber[3]), wie nach dem Reskript
vom 30. Januar zu erwarten gewesen. Freilich kündigten sich
jetzt schon die Schwierigkeiten an, auf welche die Verhandlungen
stossen würden. Dieselben bestanden hauptsächlich darin, dass
man österreichischerseits entschlossen war, keinen Vergleich zu
treffen, in welchem auch nur eine Scholle der österreichischen
Erblande gefordert und bezüglich der Kaiserwahl und der böhmischen Wahlstimme nicht völlig zufriedenstellende und bindende
Erklärungen gegeben würden. Hiess es doch hinsichtlich des letzteren Punktes, dass bereits Graf Wurmbrand als erster Gesandter
zum Wahltage nach Frankfurt ernannt sei, »also man von der
Activität des Böhmischen voti schon muss versichert seyn«.[4])

Schon vorher hatte der Wiener Hof seinen Standpunkt in
der Erbfrage in einer Deklaration dargelegt, welche unter dem
Titel »Eine an verschiedene Höfe zu thun seyende Erklärung«[5])

---

[1]) S. seine Schreiben an Praidlohn vom 17. Febr., 25. März u. 3. April. M. St. Ar.
[2]) Praidlohn an Seckendorff. 10. Februar. M. St. Ar.
[3]) Noch am 19. Februar berichtet der modenesische Gesandte in München
Chiochetti: »Il Giovene Elettore die Baviera persiste constante a voler sostenere.«
W. St. Ar. Schon wenige Tage später hat er diese seine Ansicht wesentlich geändert. Vgl. den Bericht vom 26. Februar, bei Arneth B. III, S. 400 Anm. 14.
[4]) Seckendorff an Praidlohn. 17. Februar. M. St. Ar.
[5]) Abschriftlich enthalten im B. Geh. St. Ar. Abgedruckt bei Häberlin, V.
S. 140 ff. S. Seeländer S. 53.

am 1. Februar den österreichischen Gesandten an einzelnen befreundeten deutschen Höfen zur Mitteilung an die Kurfürsten versandt wurde. In dieser war zunächst verlangt, dass Bayern sich vom Bündnis mit Frankreich und Preussen lossagen solle; dann werde Oesterreich sich zum Frieden bereit finden lassen und sogar auf jene Schadloshaltung verzichten, welche es von Rechtswegen für die zur Bekämpfung der nichtigen bayerischen Ansprüche aufgewendeten Kriegskosten zu fordern habe.

Die Schroffheit der Sprache und die verletzende Nichtachtung der bayerischen Ansprüche, denen eine gewisse Berechtigung doch von der öffentlichen Meinung, wie von den hervorragendsten Staatsrechtslehrern nicht abgesprochen wurde, legen die Vermutung nahe, dass diese Erklärung ihre Entstehung dem ungünstigen Eindrucke zu verdanken hatte, den die Nachricht von der Annahme des österreichischen Erzherzogtitels am Wiener Hofe hervorgerufen.

Kein Zweifel, dieses in echt Bartenstein'scher Sprache verfasste Schriftstück konnte in München nur neue Erbitterung hervorrufen. Nun wird aber dort dieses Wienerischen Erlasses von keiner Seite Erwähnung gethan, sodass sich uns ganz von selbst der Gedanke aufdrängt, derselbe sei in München überhaupt nicht bekannt geworden. Durch die Ereignisse des nächsten Monats wird diese Vermutung zur Gewissheit erhoben.[1]) Wir erfahren nirgends, an welche Kurfürsten und Mächte die Deklaration der Königin mitgeteilt worden; mit Bestimmtheit wissen wir es nur von dem Fürstbischof von Bamberg und Würzburg[2]); von dem Kurfürsten von Mainz sowie den Seemächten kann es als höchst wahrscheinlich angenommen werden.[3]) Jedenfalls vermögen wir aus diesem Vorgehen des Wiener Hofes schon jetzt die bis zur Härte rücksichtslose Festigkeit zu erkennen, welche seine Politik bis zum Schlusse bei der Behandlung der bayerischen Frage beobachtet hat.

Wenn man freilich geglaubt hatte, sich direkt mit dem Kurfürsten auf Grund völliger Verzichtleistung von Seiten Bayerns verständigen zu können, so sollte man bald einsehen, dass ohne Vermittlung der Frieden schlechterdings nicht würde erreicht werden können. Denn gerade die augenblickliche Verwirrung und völlige Hilflosigkeit des Münchner Hofes bewogen einzelne Fürsten, sich der bayerischen Sache anzunehmen. Andere wiederum

[1]) S. das Schreiben des Baron v. Raab an Preysing vom 6. März. B. Geh. St. Ar.
[2]) Ebenda.
[3]) Diese Staaten waren auch die einzigen, welchen nebst Kur-Köln Maria Theresia die Bedingungen mitteilte, unter denen sie zum Frieden bereit sei. Von ihnen und vor allem von Mainz glaubte sie eine Vermittelung nach ihren Plänen erwarten zu können.

boten ihre Mitwirkung an, um bei einer so bedeutsamen politischen That nicht ausgeschlossen zu erscheinen, vielleicht auch um für sich selbst noch Vorteile herauszuschlagen.

Der uneigennützigste Vermittler war jedenfalls der ehrwürdige Fürstbischof von Bamberg und Würzburg, Friedrich Carl Graf v. Schönborn, den ein Zeitgenosse den ersten Staatsmann des Jahrhunderts genannt hat.[1]) Wir sehen, wie dieser schon zu Carls VII. Lebzeiten sich bereit erklärt hatte, den kaiserlichen Ansprüchen zu einer teilweisen Anerkennung zu verhelfen. Auf die Kunde von Carls Tode entsandte er Raab sogleich nach München zurück; derselbe sollte ihm unverzüglich mitteilen, ob der Kurfürst wünsche, dass die Unterhandlungen im Sinne des Kaisers fortgeführt würden.[2]) Raab konnte diese Anfrage bejahen und noch am 26. Januar teilte der Bischof diese Kunde dem Grafen Starhemberg, sowie dem Feldmarschall Grafen Königsegg mit.[3]) Die Antworten dieser beiden hervorragenden Persönlichkeiten zeigen jedoch deutlich, wie wenig Oesterreich an der Vermittlung gelegen war.[4]) Beider Briefe stimmten fast wörtlich überein; ein deutlicher Beweis dafür, dass dieselben das Ergebnis einer eigens berufenen Konferenz enthalten. Man bedankte sich darin für des Bischofs Mitteilungen und das freundliche Anerbieten zur Vermittlung, verwies jedoch auf Verhandlungen, die demnächst direkt mit dem Nachbarstaate zustande kommen würden; als Ort für dieselben wurde Salzburg oder eine andere neutrale Stadt vorgeschlagen.

War somit Maria Theresia dieser Vermittlung wenigstens vorläufig geschickt entgangen, so war dies bei den Anerbietungen der anderen Mächte nicht möglich, die sich nunmehr zur Teilnahme an dem Friedenswerke herandrängten. Den grössten Argwohn erregte Sachsen, dessen Minister Graf Brühl am 29. Januar eröffnete[5]), dass ein sächsischer Gesandter nach München abreisen und seinen Weg über Wien nehmen werde, um daselbst noch von dem Wiener Hofe für nötig erachtete Anweisungen und Vorschläge entgegenzunehmen. Zwar fand man in Wien für dieses zweideutige Anerbieten Worte des Dankes[6]), war jedoch schon entschlossen, seine eigentlichen Absichten

---

[1]) Des Freiherrn v. Loën gesammelte Schriften; Teil II, S. 273.
[2]) Puncta, von Feldzeugmeister Thüngen eingeschickt. W. St. Ar. Abgedruckt bei Häberlin, V S. 378 ff.
[3]) Ulfeldt vom 31. Januar. W. St. Ar. Vorträge 80. Abgedruckt bei Häberlin, V S. 45.
[4]) Der Brief Starhembergs ist datiert vom 2. Februar; der des Grafen Königsegg vom 4. Februar. D. Geh. St. Ar.
[5]) Brühl an Uhlfeldt. W. St. Ar.
[6]) Uhlfeldt an Brühl, 4. Februar. W. St. Ar.

dem sächsischen Gesandten keinesfalls zu offenbaren. Trotz des Warschauer Traktates war das Band zwischen den beiden Mächten nur locker geknüpft. Denn so sehr Maria Theresia dem sächsischen Hofe in allen politischen Fragen vertraute, welche ihre Spitze gegen das von beiden mit gleicher Eifersucht betrachtete Preussen kehrten, eben so sehr beargwöhnte sie mit Recht den Grafen Brühl bei der jetzt brennend gewordenen Frage der Kaiserwahl. Mochte auch Sachsen aller Welt beteuern, dass ihm ehrgeiziges Streben nach der höchsten Würde durchaus ferne liege[1]), so konnte dennoch das Misstrauen in Wien um so weniger schwinden, als es infolge unvorsichtiger Aeusserungen der Dresdener Politik stets neue Nahrung erhalten musste. Und in der That, wenn Graf Brühl mit seinen Plänen schliesslich doch nicht offen ans Licht trat, so ist der Grund nicht darin zu suchen, dass er es nicht gewollt hätte, sondern nur darin, dass seine schwächliche Politik einem solch' weitaussehenden Unternehmen in keiner Weise gewachsen war. Aussichtslos war dieses Streben keineswegs; konnte doch Sachsen dabei auf wohlwollendes Entgegenkommen der Seemächte, sowie auf ausgiebige Unterstützung Preussens und zumal Frankreichs rechnen, das durch seine Gesandten Ritter Courten und Valory in Berlin und zeitweise auch in Dresden selbst in diesem Sinne gewirkt hat.[2])

Auch von der Vermittlung des päpstlichen Gesandten Stoppani konnte Maria Theresia wenig Gutes für sich erwarten. Allerdings hatte dieser, wie schon oben erwähnt, dem Wiener Hofe durch den daselbst befindlichen Kardinal Paolucci wichtige Nachrichten über die zum Frieden geneigte Stimmung Bayerns zukommen lassen[3]), und schien demnach gleichfalls in vermittelndem Sinne thätig zu sein. Allein in Wien kannte man die wirkliche Gesinnung des päpstlichen Stuhles zu genau, um von dieser Seite eine Förderung der eigenen Angelegenheiten erwarten zu dürfen.[4]) Benedikt XIV., einer der ausgezeichnetsten

---

[1]) Seckendorff an Praidlohn, 13. Februar. M. St. Ar.

[2]) Koser, B. 1 S. 247. Vgl. auch Brief Friedrichs an seinen Gesandten in Dresden Graf Beess vom 26. Januar. Polit. Korresp. B. IV, S. 24 f., sowie ebenda die Schreiben vom 13. Februar und 29. März. Die Entsendung Valorys nach Dresden war erfolglos geblieben. Am 2. März schreibt Graf Emanuel Törring an Montmartin: »On me marque de Dresde, que Mr. de Valory y perd son latin; que Sa Maj. Polonaise ne songe pas a devenir Empereur, que la Reine en est de meme revenue serieusement et que la Cour de Vienne a si bien gagnée Mr. le Comte de Bruhl, que toutes les peines sont perdues de faire changer cette cour de Maxime et de Systeme.« Grfl. Törr. H. Ar.

[3]) S. Arneth, III. S. 9.

[4]) Vgl. Geschichte des Kirchenstaates, von Moritz Brosch. B. II, S. 100. »Die Haltung des römischen Stuhles nahm während dieses Kampfes ein so französen-

Päpste der Neuzeit, stand mit seinen Sympathien vollständig auf der Seite Frankreichs und Bayerns, und wenn er auch selbst in den Gang der europäischen Politik am liebsten als Friedensstifter eingegriffen hätte, so waren dennoch die eigentlichen Leiter ler auswärtigen Angelegenheiten, die Kardinäle Aquaviva und zumal Valenti, entschlossen, insgeheim nach Kräften einen bayrisch-österreichischen Ausgleich zu verhindern, wenn er nicht zugleich auch Frankreich und Spanien in sich schloss.[1]

So gerne nun auch die Königin, der eigenen Kraft vertrauend, dieser beiden Vermittler entraten hätte, so musste sie sich dennoch ihre Anerbietungen umsomehr gefallen lassen, da bis zur Zeit direkte Verhandlungen mit Bayern nicht angebahnt waren. Auch brauchte sie diese Mächte sowohl bei der bevorstehenden Kaiserwahl, als bei ihren kriegerischen Operationen zu nötig, als dass sie die frei-willig angebotenen Dienste derselben von der Hand weisen durfte.

Am ehesten konnte sie sich noch dem Kurfürsten von Mainz, Friedrich Carl Grafen von Ostein, anvertrauen, welcher von jeher zu Oesterreich hinneigte und als Vorsitzender des Kurfürstenkollegiums und bei der Wahl eine besonders schwer-wiegende Stimme hatte. Zudem war jetzt schon erkennbar, dass sein Land in den bevorstehenden Kämpfen der beiden Heere unter Maillebois[2]) und Ahremberg[3]) vermöge seiner Lage eine bedeutsame Rolle zu spielen bestimmt war. Ehe jedoch noch der Wiener Hof sich in Mainz über die den Verhandlungen zu Grunde zu legenden Bedingungen erklären konnte, waren die ersten Vorschläge hierzu schon von anderer Seite ausgegangen, nämlich von Kur - Köln. Kurfürst Clemens August stand zu jeder der beiden streitenden Mächte in näherer Beziehung. Als erbitterter Gegner Frankreichs und Preussens hielt er zum Hause

---

freundliches Gepräge, wie es ohne Verletzung der behaupteten Neutralität über-haupt möglich war.‹

[1]) Maria Theresia war dies längst bekannt gewesen (Arneth B. II S. 180 und 332); zudem hatten die Oesterreicher zwei Briefe des Kardinal Valenti an Stoppani aufgefangen, von denen jedoch nur der eine vom 13. Febr. die wahren politischen Ziele der römischen Curie, eben die Verhinderung eines Separatfriedens ohne Frankreich enthielt, während der andere, in gewöhnlichen Chiffern geschrieben, lediglich dazu dienen sollte, jenen zu maskieren. S. den Appendix zur Instruktion Colloredos vom 10. März. W. St. Ar. und den Brief vom 13. Februar, ebd., sowie den Bericht Errizos vom 20. März. ebd.

[2]) ›Der französische Marschall Maillebois beherrschte mit seinen 18000 Mann den Mittelrhein von Worms bis Lahnstein, den Main bis Aschaffenburg. Es kam für Maria Theresia alles darauf an, die Wahlstadt Frankfurt zu befreien, und gerade hierbei musste eine streng neutrale Haltung des Mainzer dem Drängen Frankreichs gegenüber von fast ausschlaggebender Bedeutung sein.‹ Oesterreich. militär. Zeitschrift 1826. B. III S. 227.

[3]) Herzog v. Ahremberg, Befehlshaber der pragmatischen Armee.

Habsburg, als Oheim Max Josephs wünschte er für diesen eine ansehnliche Vergrösserung der bayerischen Lande. Wohl war er früher eine Zeit lang, über Törrings allzugrossen Einfluss in München erbittert, den wittelsbachischen Interessen entfremdet gewesen, doch vergass er dies jetzt über dem Wunsche, die kur-bayerischen Ansprüche zu fördern und denselben wenigstens teil-weise zur Durchführung zu verhelfen. Doch suchte er dieses Ziel nicht auf Kosten Oesterreichs, sondern Preussens zu erreichen. Daher enthüllte der kurkölnische Geheimrat v. Steffné dem österreichischen Gesandten am Bonner Hofe, Freiherrn v. Cobenzl, noch im Januar ein Friedensprojekt[1]), das in folgenden Vorschlägen gipfelte: Köln und Bayern bieten ihre Wahlstimmen dem Grossherzog von Toskana an, erklären den Krieg an Preussen und legen die Waffen nicht eher nieder, als bis die Oesterreicher Schlesien und den Teil Preussens bis Frankfurt erobert haben. Dafür wird der Kurfürst von Bayern in seine Erblande restituiert und erhält hiezu die kurpfälzischen Länder Sulzbach und Neuburg. Für den Verlust dieser Gebiete wird die Pfalz durch preussische Landes-teile, am besten Cleve und Mark entschädigt.[2]) Zum Schluss war der Vorschlag gemacht, die Reichsstadt Köln dem Kurfürstentum Köln, das Bistum Freising dem Bayerlande zu überlassen.

Es waren so günstige Vorschläge, wie sie die Königin von dieser Seite kaum hätte erwarten können; war doch dadurch einerseits die Wahl ihres Gemahls, des Grossherzogs von Toskana, von vornherein gesichert, andrerseits gewann der Kampf gegen Friedrich durch den Anschluss zweier weiterer Bundesgenossen erst recht die Wahrscheinlichkeit des Gelingens. Am 7. Febr. erklärte sie sich denn auch in einem Reskript an Cobenzl[3]) mit den kur-kölnischen Vorschlägen einverstanden, verlangte jedoch, dass von den beiden letzten Punkten bezüglich der Stadt Köln und des Bistums Freising abgestanden werde, da dieselben der »Gerechtig-keit und des Reiches Grundverfassung zuwider liefen.« Es ist bemerkenswert, dass hier ein Säkularisationsplan, wenn auch nur für einen vereinzelten Fall von einem geistlichen Fürsten selbst ausgegangen war, von Maria Theresia aber mit Entschiedenheit zurückgewiesen wurde. Allerdings, diese kurkölnischen Vorschläge, welche sie mit der erwähnten Abänderung gebilligt hatte, nun

---

[1]) Extractus Relationis des Cobenzl, Bonn 29. Januar. W. St. Ar.
[2]) Der Gedanke an eine Vergrösserung Bayerns durch Neuburg und Sulzbach war schon in den Verhandlungen des Jahres 1743 des öfteren erwogen worden. Jetzt wurde er von Köln abermals angeregt; von diesem ist also zuerst der Plan einer Entschädigung der Pfalz durch Preussen entworfen worden.
[3]) Extractus Rescripti an Cobenzl. Wien, 7. Februar. W. St. Ar.

auch thatkräftig zu unterstützen, davon war sie weit entfernt. Vielmehr hatte sie selbst schon ihre Bedingungen entworfen, auf Grund deren sie dem schwergeprüften Bayern den Frieden gewähren wollte.[1]) Dieselben waren so klug zusammengestellt, dass sie auf den ersten Blick den Anschein eines gewissen Entgegenkommens erwecken mussten; im Grunde jedoch gewährten

---

[1]) Diese »Aussöhnungspunkte« sind enthalten im W. St. Ar. Es sei gestattet, dieselben nochmals anzuführen, obwohl sie sich schon mit den von der Königin beigefügten Erläuterungen bei Häberlin V, Heft XX, S. 361—66 vorfinden. Auch Arneth bringt sie in einem Auszuge. Man wird bei einer wörtlichen Wiedergabe am ehesten beurteilen können, ob sie in dieser ursprünglichen Form für Bayern annehmbar waren oder nicht.

Aussöhnungs-Punkte:

I. Wäre der Verstorbene Churfürst als Kayser und die hinterlassene durchlauchtigste Wittib als Kayserin zu erkennen.

II. Wären sammetliche Chur-Bayrische Länder so, wie selbe vor dem jahr 1741 besessen worden, Sr. Churfürstl. durchl. zurückzugeben.

III. Stehen der Königin Mayestät von der schadlosshaltung ab, so allerhöchst dieselbe von Chur-Bayern zu fordern hätten.

IV. Thun Quarto Ihro Churfürstl. Durchl. für Sich, dero Erben und nachkommen in debita et optima forma für beständig Verzicht auff alle der Pragmatischen Sanction zuwiederlauffende ansprüche an die Oesterreichische Erbfolge, begeben Sich derer angenohmenen Titlen, und stimmen der Garantie der Pragmatischen Sanction auf dem Reichs-Tag bey, welche Verzicht und respectivé beystimmung von gesambten Reich und beeden Seemächten zu garantiren, folglich die Vorhin geleistete garantieen auff das feyerlichste zu erneuern wäre. Gleiche Verzicht ist von sammentlichen im leben befindlichen Durchlauchtigsten Chur-Bayrischen Agnatis für Sich, dero Erben und Nachkommen zu ertheilen, Und Seine Churfürstl. Durchlaucht begeben sich untereinstem des tituls eines Ertzherzogen von Oesterreich.

V. Sr. Churfürstl. Durchl. raumen der Königin Mayestät gesambte Vorlande wiederumb ein, und bis solches erfolget, behalten der Königin Mayestät den strich Landes zwischen der Inn und Salza mit nahmentlichen einbegriff Braunau und Schardingen inne.

Notandum: Es köndte auch zu mehrers gesicherter auseinandersetzung beeder durchlauchtigster Hauser ein austausch zwischen dem Articulo quinto erwehntem strich Landes, und Schwäbisch-Oesterreich, aber nicht im nahmen der Königin in Vorschlag gebracht werden, wohlverstanden jedoch, dass unter der Benamsung von Schwäbisch-Oesterreich weder Breyssgau noch die Wald-Slätte, noch Constanz, noch das Vorarlbergische verstanden werden möge.

VI. Erkennet Chur-Bayern die Königlich-Chur-Böhmische Wahlstimme, nebst der derselben anklebenden befugnis, Wahlbottschaffter im nahmen der Königin zu jeder Vorseyn mögender wahl abzusenden, und verbindet Sich noch überdes, mit darob zu seyn, damit diese der Königin zukommende, und dem Königreich Böhmen anklebende gerechtsahme gegen die per majora im Jahr 1741 beliebte quiescenz vollständig verwahret werde.

VII. Machen Sich Sr. Churfürstl. Durchl. anheischig, dero Wahlstimme zum behuff Sr. Königlichen Hoheit, der Königin Mayestät Durchlauchtigsten Gemahls und Mitregenten auff nächst vorseyendem Wahltag abzulegen, auch an sich nichts erwinden zu lassen, umb Chur-Cöllen, und Chur-Pfalz zu dem nemblichen zu vermögen.

VIII. Tretten Sr. Churfürstl. Durchl. von Bayern der zwischen denen fünff Vorgelegenen Reichs-Creysen zu errichtenden, oder vielmehr vermög derer recessen

sie gar nichts; mochten sie auch Bayern keine neuen Opfer auf-
erlegen, so brachten sie ihm doch nicht den geringsten Ersatz
für die Aufgabe seiner Forderungen und seine ungeheuren Verluste.
Ihre Hauptbestimmungen waren folgende:
Anerkennung des verstorbenen Kurfürsten als Kaiser und seiner
Gemahlin als Kaiserin. Restituierung Bayerns in seine Grenzen vom
Jahre 1741. Verzichtleistung Oesterreichs auf jede Kriegsentschä-
digung. Diesen Zugeständnissen gegenüber hatte Max Joseph zunächst für sich und seine Nachkommen alle Ansprüche auf die
österreichische Erbfolge aufzugeben, deren Garantie er mit übernehmen sollte. Ferner wurde sein Beitritt zu einer Association der
fünf vorderen Reichskreise, sowie Räumung des schwäbischen
Oesterreich gefordert. Da nun dieses Gebiet zur Zeit noch von französischen Truppen besetzt gehalten wurde, sollte bis zu einem allgemeinen Frieden der Strich Landes zwischen Inn und Salza (das »Innviertel«) nebst den Städten Braunau und Schärding besetzt bleiben.
Das Hauptgewicht jedoch legte der Wiener Hof auf die
Punkte VI und VII: Anerkennung der böhmischen Wahlstimme
und Verpflichtung der bayrischen Kurstimme für Franz Stephan.
Ferner sollte noch Ingolstadt bis zur Erfüllung aller geforderten Bedingungen österreichische Besatzung in seinen Mauern aufnehmen;
die Kriegsgefangenen sollten auf freien Fuss gesetzt und den Verbannten Rückgabe ihrer sequestrierten Güter zugestanden werden.
Geradezu entwürdigend war der IX. Artikel, wonach Bayern
6000 Mann Hilfstruppen gegen Preussen stellen sollte.

vom jahr 1711 und 1714 annoch fürdaurenden association bey, sowohl um das
Reich von frembden Gästen reinigen, als auch ihme, dem Reich, und der Königin
Mayestät vor der Kron Frankreich genugthuung für das Vergangene, und sicher-
heit für das künfftige Verschaffen zu helffen.
IX. Solte der fried mit der Kron Frankreich noch vor dem frieden mit
Preussen geschlossen werden, so hätten bis zu des letzteren erfolg Sr. Churfürstl.
Durchl. von Bayern 6000 Mann hülffsvölcker als 4000 zu fuss und 2000 zu pferd
der Königin Mayestät zu überlassen, und auff eygene unkosten zu unterhalten.
X. Bis zu erfüllung all-Voraussstehenden bleibt Ingolstadt und wann der in
obigem Notando erwehnte austausch nicht erfolgen solte, auch Braunau mit
Königl. Trouppen besetzet, doch unbeschadet dortigen Civil-Guberno und ein-
künfften: als welche auch während der Besatzungszeit Sr. Churfürstl. Durchl. zu verbleiben hätten.
XI. Die kriegsgefangenen werden beederseits ohne rançon auff freyen fuss
gestellet, doch die äzungsunkosten vergüthet, und die in der Prager Capitulation
zu zahlen versprochene schulden abgeführet.
XII. Alle denen Chur-Bayrischen unterthanen Sequestrirte güter und Ein-
künfften werden relaxiret. Das nembliche beschiehet von seiten Chur-Bayern, wofern der Königin Mayestät unterthanen unter Chur-Bayrischer Bothmässigkeit etwas
besitzen solten.
XIII. Sollen die deren Zöllen, der Innschiffahrt halber, und sonsten ent-
standene nachbahrliche irrungen nach massgab derer verträgen noch vor dem
schluss des Definitivfriedens-Tractats abgethan werden.

Man sieht, die Bedingungen für das stolze Haus Wittelsbach waren nichts weniger als glänzend. Ihre Annahme bedeutete das offene Eingeständnis seiner Niederlage, Verzicht nicht nur auf alle Grossmachtspläne, sondern auch auf die bescheidensten Forderungen territorialen Gewinnes. Doch die Königin fühlte sich stark genug sie zu erzwingen. In ihrer Macht beruhte ihr Recht. Fanden ihre Vorschläge kein Gehör, so war sie entschlossen, eine eindringlichere Sprache zu führen; in der Oberpfalz, an Donau und Inn harrten Thüngen und Batthyany nur ihres Winkes, um von neuem die Schrecken eines grausamen Krieges nach Bayern zu tragen. Zuvor jedoch wollte sie die Erfolge der mainzischen Vermittlung abwarten, von welcher ihr die weitgehendste Wahrung ihrer Interessen sicher war. Am 5. Februar übersandte sie ihrem kurmainzischen Minister, Freiherrn v. Palm, eine Abschrift der Aussöhnungspunkte, um sie dem Kurfürsten zur Begutachtung zu unterbreiten. Auch an England und Holland wurden dieselben übermittelt.[1]) Während diese Mächte jedoch mit ihrem Urteile darüber teilweise noch zurückhielten[2]), fand sie der Kurfürst von Mainz ungemein mässig. Bei dem Artikel IV bezüglich der Verzichtleistung, erinnerte er sogar selbst daran, dass diese auch von dem Bruder Kaiser Karls, dem Herzog Clemens Franz von Pfalz-Zweibrücken und allen übrigen lebenden Personen des Kurhauses »pro se ipsis et posteris« verlangt werden müsste.[3]) Als sein fähigster Diplomat, der geheime Rat und Hofratspräsident, Joseph Franz Freiherr v. Kesselstatt, von einer Mission an die Höfe von Bonn und Trier zurückgekehrt war[4]), erhielt er Befehl, sich mit den Vorschlägen des Wiener Hofes sogleich über Mannheim nach München zu begeben, wo sein Kommen erwartet wurde. Am 25. Februar langte der kurmainzische Gesandte in der bayerischen Hauptstadt an.[5]) Er fand die Verhältnisse um nichts klarer, als sie den Monat zuvor gewesen waren. Noch

---

[1]) Instruktion an Colloredo, 10. März. W. St. Ar.
[2]) Als der Gesandte im Haag, Freiherr v. Reischach die österreichischen Bedingungen den Generalstaaten vorlegte, erhielt er zur Antwort, dass der ganze Plan doch nur auf Annahmen beruhe. Reskript an Colloredo, 29. März. W. St. Ar. Arneths Ansicht (III S. 12), welche sich auf eine Aeusserung Maria Theresias stützt, auch die holländische und englische Regierung hätten die Bedingungen für Bayern als annehmbar bezeichnet, habe ich sonst nirgends bestätigt gefunden. Jedenfalls widerspricht das spätere Verhalten der beiden Staaten mehrfach dieser Auffassung.
[3]) Bericht Palms vom 16. Februar. W. St. Ar.
[4]) Bericht Palms vom 17. Februar. Ebd.
[5]) Kesselstatts »Diarium ahn dem chur-bayerischen Hoff zu München.« 25. Februar. Mainzer Ar.

immer hatte der Einfluss der Kaiserin und des Grafen Preysing ein Gegengewicht an Chavigny, der eben erst von seiner Regierung die Zahlung einer beträchtlichen Summe an den Münchener Hof erwirkt hatte.[1]) Dazu wurden neue Gerüchte vom Anmarsche der Franzosen in Umlauf gesetzt; mit 187 Kompagnien, rund 70 000 Mann sollten, sie gegen Bayern im Anzuge sein, um den Feldzug zu eröffnen. Mochte es auch für jeden, der die Verhältnisse einigermassen kannte, auf der Hand liegen, dass diese Nachrichten übertrieben waren, — wurde doch die ganze in Schwaben und Vorder-Oesterreich kantonierende französische Macht auf nur 30 000 Mann geschätzt[2]), — so konnten dieselben bei der fieberhaft erregten Stimmung der leitenden Kreise doch ihre Wirkung nicht verfehlen, gaben sie vor allem der Kriegspartei neue Stützen für ihre Zwecke. Damals zuerst bemerkte man, dass auch Preysing nicht mehr so unbedingt wie vorher dem Frieden das Wort redete; so äusserte er gelegentlich, da früher Bayern zuerst die Hand zur Verständigung ausgestreckt habe, so müsse jetzt von Oesterreichs Seite der erste Schritt gethan werden.[3])

Da man in München die Stellung von Kur-Mainz kannte, und daher Kesselstatt kein volles Vertrauen entgegenbrachte[4]), so waren aller Hoffnungen auf den sächsischen Gesandten gesetzt, dessen Ankunft tagtäglich erwartet wurde. Es war schon ein Lieblingsgedanke Karls gewesen, dem Hause Wettin durch Heiratsbeziehungen nahe zu treten.[5]) Kurz nach seinem Tode sehen wir diesen Plan von neuem auftauchen. Jetzt nahm ihn Seckendorff wieder auf[6]), in ihm, sowie dem unbedingten Anschlusse an Sachsen sah er die einzige Möglichkeit der Rettung. Sein Brief an Praidlohn vom 17. Februar ist in dieser Erwägung geschrieben; er zeigt, in welch höchst unwahr-

---

[1]) Arneth (B. III S. 14) spricht von einer halben Million Livres; Kesselstatt in seinem »Diarium« (Mainzer Ar.) sogar von 3 Millionen, welche Summe offenbar übertrieben ist.

[2]) Erthal an Kesselstatt, 19. Februar. Mainzer Ar.

[3]) Diarium Kesselstatts, vom 2. März. Mainzer Ar.

[4]) Instruktion für Colloredo, 10. März. W. St. Ar.

[5]) S. Freiherr v. Fechenbach an Seckendorff, 24. Januar. M. St. Ar.

[6]) Die Ursache war wahrscheinlich das Schreiben vom 10. Februar, welches Graf Brühl an ihn richtete (M. St. Ar.) und worin es u. a. hiess: »Si Son Altesse Elect. persevere à mettre Sa principale confiance en le Roy et Ses conseils, Elle trouvera certainement dans l'amitié et assistance de Sa Majesté des resources, qui la tireront de tout embarras et remettront Ses Etats patrimoniaux des calamités, qu'ils ont souffertes par le passé . . .« Mit den Heiratsplänen des Münchener Hofes ist es übrigens Sachsen wohl kaum Ernst gewesen. Am 7. März erklärte Graf Loss dem Mainzer Gesandten Kesselstatt, dass ihm die Prinzessin »nicht so feyl« sei. Kesselstatts Bericht vom 9. März. Mainzer Ar.

scheinliche Vorstellungen und Projekte sich auch ein sonst so
besonnener Staatsmann zu einer Zeit verirren konnte, welche
voll von Widersprüchen die wunderlichsten Pläne und Wünsche
gebar und teilweise auch zur Reife brachte.[1])
Allein gerade die Menge der handelnden Personen, die Ueber-
fülle der dabei zum Vorschein gelangenden mehr oder weniger ausführbaren Entwürfe gefährdeten das Zustandekommen eines gedeih-
lichen Friedens. Ausser Kesselstatt, der, wie wir wissen, schon in
München angelangt war, wurden noch daselbst der sächsische und
kurkölnische Gesandte erwartet. Zur Abwehr der von ihnen vor-
herzusehenden Umtriebe und Anschläge musste Maria Theresia
bei aller Abneigung gegen jede Vermittlung doch noch offen
den Wunsch aussprechen, es möchten, wie geplant, von Seiten
Englands und Hollands die beiden Bevollmächtigten Burisch und
d'Aylva baldmöglichst nach der bayerischen Hauptstadt entsandt
werden.[2]) Diese beiden Männer sind schliesslich doch nicht
nach München gekommen; dafür aber trat ein Ereignis ein, das
den auf eine direkte Verständigung hinzielenden Absichten der
Königin in völlig unerwarteter Weise zu Hilfe kam. Seckendorff
hatte hierbei die Vorsehung gespielt und damit eine entscheidende
Wendung herbeigeführt. Am 21. Februar machte er Praidlohn
die Mitteilung[3]), dass am Tage zuvor »zu seiner grossen Verwunderung« bei ihm ein österreichischer Bevollmächtigter erschienen
sei, welcher vom Wiener Hofe aus beauftragt worden, »auf eine
geheime und mit Ausschliessung aller Mittelpersonen zu haltenden
Unterredung, und darauf sich gründenden Aussöhnung zwischen
beiden höchsten Höfen anzutragen.« Dieser österreichische
Kommissarius, ein »redlicher, treu, Glauben und die Wohlfahrt
des Vaterlandes wahrhaftig zu Herzen nehmender und in ansehnlichen Chargen stehender Mann«, habe ihn gebeten, zu diesem
Zwecke vom Münchener Hofe die Absendung eines Unterhändlers

---

[1]) Das Original im M. St. Ar. Daselbst heisst es: »Könte man es dahin
bringen; dass von Oesterreich das Limburgische und der Theil von Geldern, so
an der Maas liegt, bey einem General Frieden cediret würde und Chur-Pfaltz wäre
zum Austausch gegen die Ober-Pfaltz und das Sulzbachische zu bringen, so könte
man sich allenfalls nach denen so betrübt geänderten Umständen gegenwärtig begnügen, Vors Zukünfftige aber, ohne sich Vorläuffig was mercken zu lassen, nach
vollzogenen Heurathen, wann der König von Pohlen Kayser würde, sich dahin
bey dem künftigen Herrn Schwieger Vatter bestreben, dass die Wahl eines Römischen Königs vor den Churfürsten betrieben würde, worin meines erachtens noch
wohl zu reüssiren, indem Vermutlich der König bey Erhaltung der Kayserl. Cron
die Pohlnische auf seinen Cron-Printzen zu bringen sich wird angelegen seyn lassen.«
[2]) Instruktion für Colloredo, vom 10. März. Dieselben befanden sich zur
Zeit am kurkölnischen Hofe in Koblenz.
[3]) M. St. Ar.

»ad tertium locum« auszuwirken; als am meisten hiefür geeignet, brachte Seckendorff den Fürsten v. Fürstenberg in Vorschlag. Diese ganze Mitteilung war aus Thatsachen und willkürlichen Annahmen zusammengesetzt. Richtig war das Erscheinen eines fremden Diplomaten in Augsburg, nur dass dieser geheimnisvolle Sendling, dessen Namen Seckendorff nicht nennen will, kein Gesandter des Wiener Hofes, sondern kein anderer war als sein Vetter, der ansbachische Geheimrat Christoph Ludwig v. Seckendorff.[1]) Offenbar war das Ganze eine eigenmächtige Verabredung der beiden Intriguanten; möglich, dass der österreichische Feldzeugmeister Graf Thüngen Anteil daran hatte, sicher dagegen ist, dass Maria Theresia nichts davon wusste.[2]) Da Seckendorff gesehen hatte, dass keiner der beiden Höfe die ersten Anerbietungen machen wollte, wusste er durch geschickte Umtriebe jeden von ihnen glauben zu machen, dass von der gegnerischen Seite der erste Schritt des Entgegenkommens gemacht worden. Viel mag auch die Erkenntnis dazu beigetragen haben, dass, falls erst die Vermittler in München die Unter-

---

[1]) Dies geht aus dem Schreiben des Grafen Seckendorff vom 17. März an seinen Vetter hervor, worin er von ihrer Zusammenkunft in Augsburg spricht. W. St. Ar.

[2]) Hiefür spricht zunächst die Unwahrscheinlichkeit, dass sich Maria Theresia sollte gerade an Seckendorff gewendet haben, der ihr als Mensch verächtlich, als Staatsmann höchst verdächtig und beargwöhnt war und wie wir sehen werden, bis zum Schlusse der Verhandlungen geblieben ist. Man könnte vielleicht einwenden, dass Seckendorff infolge seines Aufenthaltes in Augsburg der einzige war, dem sich ein österreichischer Geschäftsträger insgeheim hätte nähern können. Jedoch in der ganzen Korrespondenz des Wiener Hofes finden wir nirgends auch nur eine Andeutung, woraus auf einen derartigen Schritt der Königin zu schliessen sei; wohl aber bezeugen uns mehrfache Aeusserungen, dass der Wiener Hof erstens von jeher zu vermeiden suchte, allzugrosses Verlangen nach Frieden an den Tag zu legen (Reskript an Wasner, 21. Januar, Häberlin V S. 127; Reskript an Palm, 5. Februar, Häberlin V S. 106), zweitens durch die nachherige Entsendung des jungen Seckendorff nicht weniger überrascht gewesen, wie der Münchener Hof durch den Vorschlag des »österreichischen Commissarius«. (Ulfeld an Kesselstatt, 19. April, wo von dem geheimen Anerbieten Bayerns zu einer Zusammenkunft in Augsburg die Rede ist. Mainzer Ar.).

Es kann wohl schwerlich jemanden über den wahren Sachverhalt täuschen, wenn Seckendorff in seinem schon erwähnten Schreiben an Praidlohn sagt: Der Wiener Hof bittet den Grafen Türring zum Unterhändler »aus mir unbekannten Gründen« nicht zu wählen. Wie alle Welt, so wusste auch er natürlich ganz genau und wahrscheinlich besser als die meisten anderen, welchen Standpunkt Törring einem etwaigen Friedensprojekte gegenüber einnahm. Geradezu naiv ist es daher, wenn er jetzt plötzlich den Unwissenden spielt; schon diese einzige Stelle müsste genügen, uns gegen die Wahrheit seiner ganzen Mitteilung misstrauisch zu machen. Mit glücklicher Ahnung des wahren Sachverhaltes sagt schon Hormayr in seinen »Anemonen aus dem Tagebuch eines alten Pilgersmannes«, B. II S. 193 »Er (Seckendorff) sendete auf eigene Faust insgeheim den jungen Seckendorff nach Wien zu friedlichen Eröffnungen.«

handlungen in die Hand genommen hätten, für ihn wenig Aussicht vorhanden wäre, dieselben zu beeinflussen. Um dem Münchener Hofe Zeit und Gelegenheit zu nehmen, über den Vorschlag auch noch die Meinungen anderer Fürsten, etwa Kur-Kölns oder des Bamberger Bischofs einzuholen, wusste er von der grossen Eile des Wiener Abgesandten zu berichten und bat, ihm sogleich den Fürsten von Fürstenberg zu einer Unterredung zu senden; denn ›man will in Wien unverzügliche Resolution und dieser Mann hat mir nur drei Tage Zeit gegeben, um ihn wiederum mit Ja oder Nein abzufertigen.‹[1])

Es ist begreiflich, dass in München der Vorschlag nicht ungern vernommen wurde. Schon am Abend des 22. Februar konnte Praidlohn nach Augsburg berichten[2]), dass Kaiserin und Kurfürst mit dem Anerbieten einverstanden, den Fürsten beauftragt hätten, sich zu vertraulicher Besprechung nach Augsburg zu begeben. Am Abend des 23. langte Fürstenberg auch wirklich an und am Morgen des nächsten Tages fand die erwünschte Unterredung zwischen ihm und Seckendorff statt[3]), auf Grund deren der letztere seinem Vetter die Bereitwilligkeit seines Hofes zu Unterhandlungen aussprach und als Ort hierfür Augsburg vorschlug[4]), angeblich, weil dieses als neutrale Reichsstadt weder feindliche Truppen noch einen auswärtigen Gesandten in seinen Mauern hatte, in Wirklichkeit doch wohl nur, weil Graf Seckendorff sich hier an den Verhandlungen ohne Aufsehen zu erregen beteiligen konnte. Am 27. verliess der Geheimrat von Seckendorff mit diesem mündlichen Bescheide die Stadt[5]) und eilte nach Ansbach zurück. Noch in derselben Nacht wurde sein Sohn, der als österreichischer Hauptmann im Regiment Marschall in Freiburg gefangen worden war[6]), und zur Zeit auf Ehrenwort entlassen bei seinem Vater lebte, zunächst zu Thüngen und von diesem nach Wien entsandt[7]); in 8—10 Tagen wollte man die Rückantwort von dort erwarten.[8])

Es war lediglich Seckendorffs Verdienst, dass die Sache so weit gediehen war; sein Briefwechsel mit Praidlohn in dieser Zeit lehrt uns, wie er auf alle Weise die Neigung zum Frieden in der

---

[1]) Seckendorff an Praidlohn, 21. Februar. M. St. Ar.
[2]) M. St. Ar.
[3]) Seckendorff an Praidlohn, 24. Februar. M. St. Ar.
[4]) S. ›Mündliche Antwort‹ von Fürstenberg auf den ›Mündlichen Antrag von seiten Oesterreichs, den 20. Februar‹ am 24. gegeben. Beide Vorschläge im M. St. Ar., ebd. ›Pro nota an den österreichischen Commissarium‹.
[5]) Seckendorff an Praidlohn, 4. März. M. St. Ar.
[6]) Arneth (B. III S. 15).
[7]) Pro nota an den österreichischen Commissarium. M. St. Ar.
[8]) Baron v. Seckendorff an Thüngen, 27. Februar. W. St. Ar.

Hauptstadt zu steigern wusste. Mit Absicht übertrieb er die Grösse der Gefahr, aufs eindringlichste beschwor er Praidlohn, sich für einen »schleunigen und raisonablen Frieden« zu verwenden, da nur dieser den Kurfürsten und das Land zu retten vermöge.[1]) Hatte er früher des öfteren das Schreckgespenst eines österreichisch-preussischen Friedens heraufbeschworen, so sollte jetzt holländ-ischen Nachrichten zufolge auch zwischen Frankreich und Eng-land ein Vergleich so gut wie sicher sein.[2]) Freilich war auch an und für sich schon die Lage Bayerns nichts weniger als günstig. Die Gerüchte vom Anmarsch der Franzosen waren endlich in ihrem wahren Werte erkannt worden. Man wusste jetzt, dass die französischen Truppen zum grösseren Teile zur Verstärkung der Armee Maillebois bestimmt worden, dass der nach Bayern befohlene Zuzug unter General Putange sich nicht von der Stelle rührte.[3]) Ruhig lagerten die Franzosen in den schwäbischen Quartieren, unschädlich für die Oesterreicher, doch eine unerträgliche Last für die Reichsstände; die strenge Winter-kälte war der einzige Feind, den sie bekämpften.[4]) Kein Wunder, dass man der ungebetenen Gäste in Schwaben schon herzlich müde war[5]), und ihnen schliesslich jegliche Lieferung versagte. Chavigny hatte dies vorausgesehen und schon früher darauf gedrungen, den Reichsständen alle aus der Verpflegung entstandenen Unkosten zu vergüten; auch die Anlage von Magazinen in Ulm hatte er gefordert, um das Land zu schonen und dadurch womöglich den schwäbischen Kreis für sich zu ge-winnen. Es war derselbe Gedanke, den schon Seckendorff Praidlohn gegenüber vertreten hatte, und dessen Durchführung um so notwendiger erschien, da Oesterreich an den schwäbischen Kreis schon mehrfach bedrohliche Erlasse gerichtet hatte, seine

[1]) Seckendorff an Praidlohn, 26. Februar. M. St. Ar.

[2]) Seckendorff an Praidlohn, 26. Februar. M. St. Ar.

[3]) Seckendorff an Praidlohn, 1. März. M. St. Ar. Marquis de Putange lag in Rothenburg an der Tauber im Quartier. Protokoll des schwäbischen Kreis-tages zu Ulm, vom 8. Februar. Grfl. Törr. II. Ar.

[4]) Sie litten so empfindlich unter der aussergewöhnlichen Kälte, »dass sie selbst gestehen, que le ciel soit contre eux«. Puncta, von Feldzeugmeister Thüngen eingesandt. W. St. Ar. Abgedruckt Häberlin V S. 378 ff.

[5]) Schon Anfang des Jahres 1745 hatte sich der Herzog von Württemberg über die Bedrückungen von Seiten der Franzosen in Berlin bei Friedrich II. be-klagt. Damals war von dem französischen Gesandten Valory Abhilfe zugesagt worden. Spon an Törring, 8. Januar. Grfl. Törr. II. Ar. Als am 8. und 9. Febr. auf der schwäbischen Kreistagsitzung zu Ulm der französische Gesandte, Baron von Güntzer den Antrag auf neue Lieferungen stellte, ward derselbe mit Berufung auf die Zusage abgewiesen, welche am 6. d. M. M. de la Noue in Stuttgart gegeben hatte, dass Frankreich nunmehr alle Lebensmittel baar bezahlen wolle. Abschriftliche Protokolle dieser Kreistagsitzungen im Grfl. Törr. II. Ar.

Neutralität zu gunsten der gemein-patriotischen Sache aufzugeben. [1]) Doch bei der völligen Erschöpfung seiner Finanzen
konnte Bayern zunächst nicht daran denken, seine eigenen Mittel
einem Zwecke zuzuwenden, der im Grunde doch nur den
Franzosen zugute gekommen wäre. Von dem schwäbischen
Kreis selbst suchte sich daher der Kurfürst die Mittel hierzu zu
verschaffen, indem er sich an denselben mit der Bitte um eine
grössere Anleihe vom 200000—300000 Gulden wendete.[2]) Auch
hierbei spielte Seckendorff den vielgewandten Vermittler. Er
schlug den Verkauf der Herrschaft Weissenstein in Württemberg
vor[3]), den jedoch der Kurfürst mit Besimmtheit zurückwies.[4])
In jedem Falle hatte der Graf versichert, dass die Anleihe zu
stande kommen werde, falls nur erst der Friede mit Oesterreich
gesichert sei.[5])

So drängte alles den Kurfürsten zur Entscheidung. Je eher
dieselbe erfolgte, um so vorteilhafter musste es für ihn selbst sein.
Entweder ein schneller Friede oder ein ehrlicher Krieg; jedoch
ein solcher Zustand, wie er zur Zeit herrschte, war auf die Dauer
unerträglich und fügte neue Misstände zu den alten. Denn einmal wurde dadurch schliesslich doch der Argwohn der verbündeten Regierungen rege, dann aber brachte der Aufenthalt
der fremden Kriegsvölker dem Lande nur neue Opfer, deren
Höhe Seckendorff auf mehr denn 50000 Gulden für den Tag
gewiss nicht zu hoch berechnete.[6])

Dazu kam noch, dass die unsichere und schwankende
Haltung des Hofes sich auch auf die Heerführer übertrug. Wir
erinnern uns, dass Maria Theresia vor der Hand noch jedes entscheidende Vorgehen zumal gegen die Hauptstadt München ihren
Feldherrn untersagt hatte.[7]) Dieselben beschränkten sich daher
darauf, den Gegner in kleinen Gefechten zu beunruhigen, wie sie
bei Streifzügen und Eintreiben der Kontributionen und Natural
lieferungen unausbleiblich waren.

[1]) Seckendorff an Praidlohn, 2. Februar. M. St. Ar.
[2]) Praidlohn an Seckendorff, 21. Februar. M. St. Ar.
[3]) Seckendorff an Praidlohn, 23. Februar. M. St. Ar.
[4]) Praidlohn an Seckendorff, 25. Februar. M. St. Ar.
[5]) Seckendorff an Praidlohn, 23. Februar und Seckendorff an Praidlohn,
3. März. M. St. Ar.
[6]) Seckendorff an Praidlohn, 1. März. M. St. Ar. In einem späteren
Schreiben giebt er sogar 100000 Gulden an.
[7]) S. Häberlin V IV. Beilage (zu dem Schreiben Ulfelds vom 5. März)
S. 383 » . . . haben Ihro Majest. die Königin dero Generalität anbefohlen, dass,
anstatt die leichtbegreifliche Verwirrung sich zu Nutzen zu machen, dero mahlen
der Churfürstl. Residenz nicht genähert werden sollte.« Siehe auch Seckendorff
an Praidlohn, 21. Februar. M. St. Ar. und Polit. Korresp. B. IV, Friedrich an
Klinggräffen, 2. März S 71.

Als bei einer Fouragierung der ungarische Rittmeister Szelcsky am 25. Februar sich der Stadt Neuburg, dem Haupt-quartiere der pfälzischen Hilfstruppen, näherte und dabei auf eine pfälzische Brückenwache stiess, wurde ihm von dem Führer derselben bedeutet, dass er angewiesen sei, sich den Oester-reichern gegenüber streng neutral zu verhalten. Denselben Be-scheid erhielt der Ungar auf seine Anfrage bei dem Komman-danten der Festung, General von Zastrow.[1]

Man sieht, der Kurfürst von der Pfalz hatte jegliche Lust zur ferneren Kriegführung verloren und dachte nur mehr an die Rettung seiner Truppen. Es war ein schlechtes Zeichen für den Beginn des Feldzugs, wenn schon jetzt so wesentliche Bestandteile des verbündeten Heeres sich hinter eine völlig vertragswidrige Neu-tralität verschanzen wollten. Ueber diese beängstigende Thatsache konnte der Münchner Hof auch dadurch nicht beruhigt werden, dass am 28. Februar General Ségur mit anderen französischen Heerführern in München erschien und in der Audienz, welche sie zusammen mit Chavigny bei dem Kurfürsten hatten, dem-selben nochmals beteuerte, dass Putange in Schwaben allen Ernstes mit dem Aufbruch beschäftigt sei.[2] Sie hatten das Recht verspielt, Glauben hierfür beanspruchen zu dürfen. Die Macht des französischen Einflusses schien endlich gebrochen zu sein. Man war jetzt in München in der That entschlossen, ernsthaft und aufrichtig mit Oesterreich zu verhandeln; freilich ward an der Bedingung einer Vergrösserung Bayerns an Land und Leuten mit Bestimmtheit festgehalten. So erklärte Graf Preysing dem Gesandten von Kesselstatt offen, dass ohne eine solche sein Kur-fürst niemals seine Ansprüche aufgeben würde.[3] Auch Seckcn-dorff war damals noch der Ansicht, dass Oesterreich die erstrebte Machtvergrösserung nicht verweigern werde; jedenfalls müsse sie gefordert werden, da ja, wie er meinte, »bey der-gleichen Tractaten allezeit erlaubt ist, auch ohngeschämt zu fordern, dem Gegenteil aber freystehet, mit gleicher Ohnver-schämtheit wiederum die petita abzuschlagen«[4]. Gleichwohl hielt er es für das Beste, die Bedingungen nicht zu verwerfen, »wann sie nur ein klein wenig besser als die Hanauer sind«.[5]

---

[1] S. Bericht des Rittmeisters Szelcsky vom 25. Februar. W. St. Ar. Der General-Feldwachtmeister Baron von Roth (Kommandant von Ingolstadt) sandte diesen Bericht an Thüngen, welcher ihn am 1. März nach Wien schickte, mit der Bitte um Verhaltungsmassregeln gegenüber den Pfälzern. Thüngen am 1. März an Grossherzog Franz Stephan. W. St. Ar.

[2] Praidlohn an Seckendorff, 2. März. M. St. Ar.

[3] Diarium Kesselstatts vom 2. März. Mainzer Ar.

[4] Seckendorff an Praidlohn, 4. März. M. St. Ar.

[5] Ebenda.

Eine Abschrift derselben hatte er sich von Praidlohn senden lassen[1]), um auf ihrer Grundlage nach Max Josephs Wunsch seine »Gedanken über die zu verfassende Instruction« Fürstenbergs niederzulegen. Schon am 4. März konnte er dieselben dem Münchener Hofe übersenden;[2]) in 17 Punkten enthielten sie die Forderungen und Zugeständnisse des Münchener Hofes. Der wichtigste Punkt war der, welcher die Frage der Länderabgabe behandelte. Hier ging Seckendorff von der höchst unwahrscheinlichen Voraussetzung aus, dass Oesterreich die gesamten vorder-österreichischen Länder abzutreten bereit sein werde; mit dieser Konzession des österreichischen Gesandten habe sich jedoch Fürstenberg keineswegs zufrieden zu geben, sondern »wenn der andere erkläre, nichts mehr antragen zu können, wohl aber anzuhören, so habe Fürstenberg zu eröffnen, dass man das Herzogtum Limburg nebst dem Rest von Gelderland, so an König von · Preussen durch den Utrechter und Badischen Frieden nicht cediret mit der Bedingnis vielleicht als ein aequivalent annehmen dürfte, dass man solche provintzen an einen doch nicht Mächtigern fürsten im Reich gegen gelegenere Lande vertauschen könnte.« Es ist begreiflich, dass ein solcher Vorschlag den Wünschen des Churfürsten durchaus genehm war; der Gewinn von Vorder-Oesterreich sowie von Neuburg und Sulzbach, denn diese konnten unter den »gelegeneren Landen« nur gemeint sein, war schon zu Karls VII. Zeiten mehrfach, doch stets vergebens erstrebt worden. Waren Geldern und Limburg nicht zu erlangen, dann sollten als Ersatz hiefür — so hiess es weiter — »etliche Millionen Baargeld« gefordert werden.

Von Wichtigkeit war ferner noch der sechste Punkt, welcher eine General-Amnestie verlangte, mit dem wohlüberlegten Zusatze, »die böhmischen Vasallen in integrum zu restituieren«, eine Forderung, welche allein genügte, um Männer wie Fürstenberg und Kaiserstein, sowie die ganze übrige vaterlandslose Schaar der Verbannten dem Friedensentwurfe Seckendorffs mit Leib und Seele zu gewinnen. Der bekannten Geldnot Bayerns[3]) sollte der 14. Art. abhelfen, wonach sich Oesterreich zu einer durch vier Jahre fortgesetzten monatlichen Zahlung von 100000 Mark zu verpflichten hatte. Die übrigen Vorschläge beschäftigten sich

---

[1]) Praidlohn an Seckendorff, 8. März. ebd.
[2]) »Ohnvorgreifliche Gedanken über die zu verfassende Instruktion. M. St. Ar.
[3]) »Charakteristisch für die Finanzlage in Bayern ist, dass der Kurfürst den Hof von Versailles bat, monatlich die Subsidien genau zu schicken, da sie unumgänglich notwendig seien, damit nicht der Münchener Hof und was daran hängt in Verlegenheit komme.« Würdinger, Der Ausgang des österreichischen Erbfolgekrieges in Bayern. Oberbayer. Archiv B. XLVI, Heft I S. 75.

mit Erfordernissen, wie sie fast jeder Friedensschluss enthielt, wie unentgeltliche Auslieferung der gegenseitigen Gefangenen, Räumung von Land und Festungen, Einstellen der Contributionen, Grenzregulierungen und was derartiges mehr ist.

Aus der Thatsache, dass ein Mann wie Seckendorff, welcher zweifellos schon damals das Ziel verfolgte, sich durch eine Vermittlung im Sinne Maria Theresias den Rückweg in Oesterreichs Dienste anzubahnen, solche Bedingungen als für beide Teile annehmbar betrachtete, vermögen wir immerhin zu erkennen, wie wenig erst die bayerischen Patrioten die Möglichkeit erwogen, aus einem so verlustvollen Kriege ohne jegliche Entschädigung hervorzugehen. Und doch entsprach dieser Seckendorff'sche Entwurf den Absichten des Wiener Hofes in keiner Weise. Mochte er auch in nebensächlichen Punkten mit den Ansichten Maria Theresias sich vielfach berühren, der Hauptsache nach lief er doch ihren Wünschen und Forderungen durchaus entgegen. Kein Wort finden wir hier über die Zulassung und Anerkennung der Böhmischen Wahlstimme, nicht eine Silbe über die Gewährung der kurbayerischen Stimme zu Gunsten Toscana's, wohl aber weitgehende Ansprüche auf Entschädigung durch Land und Gold, von denen das letztere die Königin nicht zahlen konnte, das erstere zu geben aber in keinem Falle gewillt war.

Von alledem war freilich zur Zeit in München noch nichts bekannt und zwar darum nicht, weil Kesselstadt, welcher mit dem ausdrücklichen Befehl dorthin entsandt worden war, die oben besprochenen »Aussöhnungspunkte« daselbst vorzulegen, dieselben bis zur Stunde geheim gehalten hatte. Was ihn zu diesem durchaus eigenmächtigen Verfahren bewog, ist unschwer zu erkennen; es war die Ueberlegung, dass, wenn er jetzt Oesterreichs harte Forderungen zur Kenntnis des Kurfürsten brächte, dies wahrscheinlich das sofortige Abbrechen aller Beziehungen zur Folge haben würde. Preysings Aeusserungen mussten ihn in dieser Erkenntnis bestärken. Dies aber wollte er auf alle Fälle verhindern. Lag es doch auch sehr im Interesse seines Herrn, des Kurfürsten von Mainz, dass Bayern mit Oesterreich sich einigte, da hiemit die Wahrscheinlichkeit stieg, die Franzosen vom Mittelrhein aus der Nähe der Kurstaaten zu verdrängen.[1]) Waren aber erst einmal persönliche Unterhandlungen im Gange, so mochte Kesselstatt hoffen, dass Bayerns Kurfürst sich der Not-

---

[1]) Schon lange beargwöhnte Marschall Maillebois die mainzische Neutralität. Chavigny hatte ihn von Kesselstatts Aufenthalt in München benachrichtigt und dass dieser den Zweck verfolge zwischen Bayern und Oesterreich zu vermitteln. Zur Strafe erfolgte daraufhin die Verlegung französischer Winterquartiere in mainzisches Gebiet. Vgl. Kesselstatts Diarium vom 4. März. Mainzer Ar.

wendigkeit fügen und nicht ohne weiteres Verhandlungen abbrechen werde, deren Bekanntwerden seine Politik bei den Verbündeten unrettbar kompromittieren musste. Jedenfalls zeugt sein
Auftreten auf Schritt und Tritt von einer Unselbständigkeit, welche
den Münchener Hof schnell darüber beruhigte, dass von seiner
Seite ein schneidiges Eingreifen in keiner Weise zu erwarten war.
In dieser Beziehung sah man sich freilich auch in den Hoffnungen
getäuscht, welche man auf den sächsischen Gesandten Grafen Loss
gesetzt hatte. Derselbe war am 26. Februar angelangt und noch
am Abend desselben Tages empfangen worden. Hatte schon
Kesselstatt im Gefühle seiner Unsicherheit in fremden Verhält-
nissen die ihm von seinem Kurfürsten sowie dem Wiener Hofe
zugedachte Rolle nicht gespielt, so hüllte sich Graf Christian Loss
erst recht in diplomatisches Schweigen. Allerdings hatte dies
anders als bei dem Mainzer Gesandten seinen Grund wesentlich
darin, dass ihn der Wiener Hof über die Verhältnisse, sowie
seine Forderungen durchaus im Unklaren gelassen hatte.[1]
Trotz aller Versicherungen der Ergebenheit und Freund-
schaft nämlich war Loss auf seiner Durchreise durch Wien mit
Misstrauen behandelt worden. Die dunklen Ziele der sächsischen
Politik zumal das Gerücht, dass August nach der Kaiserkrone
strebe, hatte die leitenden Kreise in Wien verstimmt und zur
Vorsicht gemahnt. Auch war hier nicht unbekannt geblieben,
dass von bayerischer Seite der Gedanke an eine Doppelheirat
mit Sachsen ausgegangen sei, welcher der Königin umsomehr im
Wege stand, als von ihr selbst eine Heirat der von Bayern für
Max Joseph ausersehenen Prinzessin Marie mit ihrem Schwager,
Prinz Karl von Lothringen, geplant wurde.[2] Diese Gründe also
hatten die Königin bewogen, den beargwöhnten sächsischen Gesandten ihre Bedingungen nicht mitzuteilen. Daher konnte dieser
auch in München zunächst nur mit der äussersten Zurückhaltung
auftreten; freilich entsprach diese zugleich den Absichten des
sächsischen Hofes, dessen Politik Graf Brühl von jeher nach den
Grundsätzen zweideutigen Zauderns und Abwartens geleitet hatte.
Kein Wunder, dass Graf Loss bald der Gegenstand allgemeinen
Misstrauens wurde.[3] Kesselstatt, welcher, trotzdem er von Mainz
aus gewarnt worden,[4] gehofft hatte, durch Loss unterstützt zu

[1] Instruktion an Colloredo vom 10. März. W. St. Ar. Ulfeld an Kesselstatt 5. März »dem Loss als er hier war, hat man die Aussöhnungspunkten nicht
zugestellt, weil er aller Anregung von der Kayser-Wahl ausgewichen ist.«
[2] Seckendorff an Praidlohn, 17. Februar. M. St. Ar.
[3] Auch Friedrich warnte Klinggräffen mehrfach vor ihm: S. Friedrich an
Klinggräffen, 2. März; Polit. Korresp. B. IV, S. 70 und Friedrich an Klinggräffen,
4. April. B. IV, Polit. Korresp. S 106.
[4] Kurfürst v. Mainz an Kesselstatt, 28. Februar. Mainzer Ar.

werden, sah sich bitter enttäuscht. In seinen Berichten nach Mainz konnte er daher nicht genug über dessen ›verstecktes und kaltsinniges Benehmen‹ klagen.[1]) Um so inniger hatte sich ihm freilich Graf Königsfeld angeschlossen, welcher von ihm Fürsprache bei seinem Herrn, dem Kurfürsten von Mainz erhoffte, um die von ihm für seine Stellung als ehemaliger Reichs-Vizekanzler aufgewendete Summe von 110 000 Gulden zurückzuerlangen.[2]) Von ihm erfuhr er am 3. März,[3]) dass der bayerische Hof nicht gewillt sei, die böhmische Stimme anzuerkennen, und auch mit Köln hierin übereinstimme. Dass Frankreich sich der Wahl des Grossherzogs mit aller Kraft widersetzen werde, war schon lange klar; jetzt erklärte Chavigny offen, dass seine Regierung als Garant des westphälischen Friedens niemals einen fremden Fürsten anerkennen wolle und könne.[4]) So viel war jetzt schon ersichtlich, dass der Sieg der Friedenspartei noch in weiter Ferne stand. Bekamen die fremden Gesandten sichere Beweise von den bevorstehenden Unterhandlungen in die Hand, welche sie bis zur Stunde nur ahnten, so stand alles auf dem Spiele. Daher war Seckendorff aufs äusserste betroffen, als er vernahm, dass Fürstenberg gelegentlich einer Reise auf seine schwäbischen Güter in Memmingen sich geäussert habe, dass der Frieden so gut wie sicher sei. Aufs schärfste tadelte er eine derartige Unvorsichtigkeit, welche das Gelingen des ganzen Werkes in Frage stellen musste.[5]) Aber auch Chavigny verlor keine Stunde. Er sowohl wie Törring,[6]) welcher jetzt wieder mehr in den Vordergrund der Ereignisse tritt, drängten lebhaft zum Beginne des Feldzugs.[7]) Die befremdliche Unthätigkeit der Oesterreicher suchte der letztere aus dem Gefühle ihrer Schwäche zu erklären. Halb spöttisch äusserte sich hierüber Seckendorff: ‚M. le comte de Törring dans une lettre, qu 'il m'a ecrite hier, ne respira que la guerre et bataille. — Vana sine viribus ira.[8])

Schliesslich wollte man doch erst einen Sieg Maillebois abwarten, um dann den Feldzug mit einem entscheidenden Schlage

[1]) Diarium Kesselstatts vom 4. März. Mainzer Ar.
[2]) Kesselstatts Bericht, 9. März, ebd. Auf sein mehrfaches Drängen hin hat ihm Kesselstatt später die Unterstützung seines Kurfürsten zugesagt. K.'s Bericht, 29. April.
[3]) Diarium Kesselstatts ebd.
[4]) Kesselstatts Bericht, 5. März ebd.
[5]) Seckendorff an Praidlohn, 3. März. M. St. Ar.
[6]) Seit Ende Februar wieder Oberbefehlshaber des bayerischen Heeres. S. das Ernennungsschreiben des Kurfürsten, bei Würdinger, Beil. III S. 107.
[7]) Seckendorff an Praidlohn, 23. Februar ebd.
[8]) Seckendorff an Praidlohn, 6. März ebd.

an der Donau zu cröffnen.[1]) In Wahrheit der Gedanke, Bayerns Geschick in einer Feldschlacht zu entscheiden, war durchaus nicht so leichtfertig, wie Seckendorff meinte. Ein siegreicher Kampf musste die gesamte Lage umgestalten, ein unglücklicher konnte sie nicht wesentlich verschlechtern. Was aber die Annahme eines solchen Planes verhinderte, war eben die Mattherzigkeit der Männer an der Spitze, welchen die Zuversicht des Gelingens mangelte. Was Bayern unterliess, weil es nicht die Kraft des Entschlusses fand, ist schliesslich von Oesterreich durchgeführt worden. Hier war Maria Theresia jetzt endlich entschlossen, durch eine wuchtige Kriegführung den Friedensbestrebungen mehr Nachdruck und Geltung zu verschaffen. Am 5. März teilte der Hofkanzler Graf Ulfeld diesen Entschluss seines Hofes dem Freiherrn v. Kesselstatt mit,[2]) indem er hinzufügte, dass man in Wien wohl gewillt sei, »die Anständigkeit des hohen Churhauses Baiern zu befördern, sobald es nur auf eine dem Durchlauchtigsten Ertzhause unschädliche Arth beschehen kan.« Ausdrücklich jedoch bat er, den Hof zu veranlassen, bei den Verhandlungen soweit sie Preussen beträfen, den Grafen v. Seckendorff nicht zuzuziehen, da man von ihm eine gewisse Parteilichkeit für Friedrich befürchtete. In der That entbehrte auch dieser Verdacht, wie wir noch später sehen werden, durchaus nicht der Begründung. Am selben Tage, an dem Ulfeld dieses Schreiben absandte, war Hauptmann v. Seckendorff in Wien angekommen. Seine Botschaft wurde mit Wärme vernommen. Sofort ward er mit der Antwort zurückgesandt, dass man gewillt sei, einen Unterhändler mit Vollmacht, »sans perte de temps« nach Augsburg zu entsenden; hierzu sei Graf Colloredo ausgesucht, welcher sich zunächst nach Innsbruck begeben werde, wohin für ihn ein französischer und bayerischer Pass nach Mainz lautend gesandt werden sollte.[3])

Freilich die Anträge, die der junge Seckendorff sonst noch vorbrachte, — es war ihm von seinem Oheim ein förmliches Programm in 12 Artikeln mitgegeben worden[4]) — fanden zunächst noch keine Erledigung; hier verwies man auf die Verhandlungen selbst; Geheimhaltung derselben[5]) jedoch, sowie Zuziehung des

---

[1]) Dhrium Kesselstatts, 2. März. Mainzer Ar.

[2]) »Und um darzuthun, dass die bissherige diesseitige Inaction nicht aus Abgang derer Kräfften, sondern allein aus freundschaffllicher Neigung und Rücksicht entsprungen, wird man sich nicht entschütten können, zu einigen Operationen zu schreiten.« Ulfeld an Kesselstatt, 5. März. Mainzer Ar.

[3]) Der junge Seckendorff hatte in Wien einen mündlichen und einen schriftlichen Bescheid erhalten. Beide im M. St. Ar. Graf Seckendorff sandte sie am 11. chiffriert nach München.

[4]) S. »Puncte, so der Offizier von Thüngen diktirt hat,« W. St. Ar.

[5]) Hauptmann von Seckendorff hatte mitgeteilt, dass nur die Kaiserin, der

Grafen Seckendorff ward schon jetzt zugestanden. Damit schien die Hauptschwierigkeit gehoben. Schon am 9. März befand sich der Hauptmann wieder in Ansbach, [1]) zwei Tage später traf hier der alte Seckendorff ein, welcher sich entschlossen hatte, Augsburg auf kurze Zeit zu verlassen, um den Argwohn der fremden Gesandten einzuschläfern. Vor seiner Abreise hatte er noch einmal Praidlohn beschworen, seine Friedensbemühungen zu unterstützen. »Ich rede als ein ehrlicher Mann, kommen wir nicht zum Frieden, so ist Bayern zum dritten Mahle verloren. Ich ersterbe als ein treuer Diener vom Hauss und das wird sich zeigen.« [2])

Zur selben Zeit, als er dies schrieb, rüstete sich Colloredo zum Aufbruch. Bartenstein hatte ihn mit einer so ausführlichen und genauen Instruktion und Anleitung versehen, [3]) wie sie wohl selten einem Gesandten zu diesem Zwecke mitgegeben worden. Am 10. März trat er seine Reise an, welche ihn durch Kärnthen und Tirol bei fortgesetzter harter Kälte und tiefstem Schnee am 17. nach Innsbruck führte. [4]) Doch zu seinem äussersten Befremden fand er hier die erwarteten Pässe nicht vor. Sofort meldete er dies Kesselstatt, [5]) mit welchem er sich den Wünschen seines Hofes gemäss in Verbindung setzen sollte; doch erhielt er von diesem keine Antwort. [6]) Seine Stimmung wurde immer schlechter; am liebsten wäre er unter dem Vorwande des verweigerten Passes von Innsbruck wieder aufgebrochen, [7]) um sich nach Mainz zu begeben, wohin ihn Maria Theresia schon früher in Wahlgeschäften bestimmt hatte.

Kurfürst, Seckendorff, Fürstenberg, Preysing und Praidlohn davon Kenntnis hatten. Arneth (S. 400 Anm. 15) bemerkt hierzu: »Dies wird auch durch den Bericht Kesselstatts an den Kurfürsten von Mainz aus München vom 13. März 1745 bestätigt.« Kesselstatt nämlich war durch Ulfeldt über die ganze Unterhandlung unterrichtet worden. (S. Ulfeldts Schreiben an ihn vom 5. März. Mainzer Ar.); womit freilich der Wiener Hof sein Zugeständnis, die Verhandlung streng geheim zu halten, schon gebrochen hatte. Das Erstaunen Preysings (s. Kesselstatt au Kurfürsten von Mainz, 13. März. Mainzer Ar.) und Seckendorffs (s. sein Schreiben an Praidlohn, 15. März. M. St. Ar.) darüber, dass Kesselstatt von der geheimen Mission Kunde habe, war gewiss gerechtfertigt. Uebrigens ist das von Arneth citierte Schreiben Kesselstatts nicht vom 13. sondern 9. März. (Mainzer Ar.).

[1]) Seckendorff an Praidlohn, 11. März. M. St. Ar.
[2]) Seckendorff an Praidlohn, 8. März. M. St. Ar.
[3]) W. St. Ar.
[4]) Colloredo an Ulfeldt, 19. März. W. St. Ar.
[5]) Colloredo an Kesselstatt, 21. März. Ebd.
[6]) Relatio ad Reginam, 22. März. Ebd.
[7]) Relatio ad Reginam, 29. März. Ebd.

Es gab nur eine Erklärung für das Ausbleiben der Pässe, und sie lag nahe genug; nämlich, dass der MünchenerHof noch in letzter Stunde durch fremde Einflüsse bestimmt worden, die soeben erst angeknüpften Beziehungen mit Wien wieder abzubrechen. Und in der That, so günstig hatten sich zur Zeit die Verhältnisse gestaltet, dass der Kurfürst hoffen durfte, mehr durch die Fürsprache und Verwendung neutraler Mächte zu erlangen, als ihm das Glück der Schlachten oder gar eine direkte Verständigung mit Wien jemals verschaffen konnten.

III. Kapitel.

Die Schwankungen der bayerischen Politik und der Sieg der Friedenspartei.

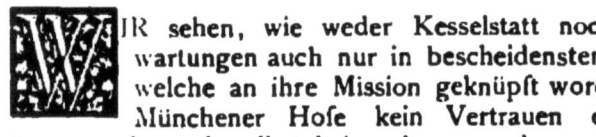IR sehen, wie weder Kesselstatt noch Loss die Erwartungen auch nur in bescheidenstem Masse erfüllten, welche an ihre Mission geknüpft worden. Da sie dem Münchener Hofe kein Vertrauen entgegenbrachten, konnten sie auch selbst keines beanspruchen.

Inzwischen war aber von ganz anderer Seite die Sache Bayerns in die Hand genommen worden. So hatte der alte Fürstbischof von Bamberg nochmals versucht, den ihm entglittenen Faden der Vermittlung zu gunsten Bayerns wieder aufzunehmen. Obwohl er sich nicht darüber täuschen konnte, dass der Wiener Hof ihn gar zu gerne bei Seite geschoben hätte, entsandte er dennoch an Starhemberg am 14. Februar ein neues Schreiben, worin er abermals seine Dienste antrug.[1]) Zugleich ersuchte er Max Joseph, ihm nochmals den Freiherrn von Raab zuzusenden, mit welchem er sich über die politische Lage beraten wollte. Am 4. März langte dieser in der That in Bamberg an, Tags darauf übergab ihm Carl Friedrich nach mehrstündiger Konferenz die Schreiben Starhembergs und Königseggs vom 2. und 4. Februar, welche als Beilage auch jene Deklaration des Wiener Hofes vom 1. Februar enthielten. Ohne des Bischofs Wissen nahm Raab von diesem wichtigen, in München bis zur Stunde gänzlich unbekannt gebliebenen Aktenstücke eine Abschrift, welche er sofort dem Kurfürsten und Preising[2]) mitteilte. Ueber die Folgen,

---

[1]) Dieses Schreiben des Fürstbischofs habe ich weder in Wiener noch Münchner Archiven gefunden. Doch geht aus der Antwort Starhembergs hervor, dass es direkte Friedensvorschläge ebensowenig wie der schon erwähnte Brief vom 26. Januar enthalten hat.
[2]) Raab am 6. März an den Kurfürsten und Raab am 6. März an Preysing; B. Geh. St. Ar. Ebenda die Abschrift.

welche das Bekanntwerden dieser Erklärung in München hatte, werden wir noch später zu berichten haben. Hier sei nur hervorgehoben, dass der Aufenthalt Raabs in Bamberg zu irgendwie erkennbaren Resultaten nicht geführt hat.[1] Den 18. März finden wir ihn schon in Frankfurt, wohin er sich auf des Kurfürsten Geheiss als zweiter Wahlgesandter begeben hatte.[2] Zur selben Zeit etwa mag der Fürstbischof die Antwort Starhembergs erhalten haben, worin dieser ihm ganz kurz mitteilt, dass Oesterreich zu einem Frieden jederzeit bereit sei, welcher ihm keine neuen Opfer auferlege.[3] Diese späte Beantwortung des fürstbischöflichen Schreibens vom 14. Februar suchte er damit zu entschuldigen, dass er immer erwartet habe, es würden ihm von seiten Raabs irgendwelche Vorschläge zugestellt werden.[4] Natürlich war dies nur ein Vorwand. Ebenso beurteilten es Raab und der Bischof selbst. Der letztere hatte jetzt endlich eingesehen, dass er dem Wiener Hofe seine Vermittlung gegen dessen Willen nicht würde aufzudrängen vermögen.[5] Wenigstens können wir keinen derartigen Versuch mehr von seiner Seite beobachten. Dennoch ist er für die Hofburg ein Gegenstand des Argwohns geblieben. Man konnte es ihm dort nicht vergessen, dass er als Erster noch bei Lebzeiten Carls versucht hatte, die Ansprüche der bayerischen Politik zu vertreten. Daher wurde denn auch in ihm der Urheber jener neuen Entwürfe vermutet, welche nunmehr, in der That von ganz anderer Seite ausgehend, den Wiener Hof noch einmal in die äusserste Bestürzung versetzten.[6]

---

[1] Raab an Preysing, 14. März. B. Geh. St. Ar.
[2] Raab an Preysing, 18. März. Ebd.
[3] Starhemberg an Bischof von Bamberg, 13. März. Ebd. Hier heisst es, Oesterreich wolle den Frieden, »in so weith es immer auf eine Sanctionis Pragmatice und von gesamten Reich darüber geleisteter garantie ohnabbrüchliche arth zu bewürcken stünde.«
[4] Ebenda.
[5] Raabs Schreiben vom 6. und 18. März, wonach der Bischof darüber »ziemlich piquirt« gewesen sei.
[6] Arneth (S. 18) hat eine andere Ansicht. Nach ihm sind die neuen Vorschläge, betreffend die österreichische Landabgabe von dem Bischof von Würzburg ausgegangen, und dann von Köln angenommen worden. Seiner Darstellung liegt offenbar die Instruktion für Colloredo zu Grunde. Daselbst wird gesagt: »... Allein haben sich bald nachher die sachen am dortigen Hoff verschlimmert und zwar aus schuld des Fürsten und Bischoffen von Bamberg und Würzburg, als welcher, ohne von gegenwärtigem aneinanderhang derer grossen weltgeschäfften die zulängliche kendtnis zu besitzen, nach der für das Churhaus Bayern jederzeit bezeugten Vorliebe, auff den Gedanken verfallen ist, dass Wir die Vorlande an Chur-Bayern abzutretten, und Uns darfür bey Preussen und zwar noch ausser Schlesien, mittelst Crossen, derer Lehen in der Lausnitz und franckfurth an der Oder zu regressiren hätten.« Nun wäre wohl an und für sich der Vorschlag nicht so schlecht, da

Wir erinnern uns, dass Kur-Köln zunächst eine dem österreichischen Interesse durchaus geneigte Stellung eingenommen
hatte. In diesem Sinne waren jene Anträge gestellt worden,
denen auch Maria Theresia ihre Bewilligung nicht hatte versagen
können. Doch änderte sich dies, zumal, seitdem Max Joseph

unter den Vorlanden uur Schwäbisch-Oesterreich verstanden sei; jedoch wolle
Sachsen von den Seemächten unterstützt gleichfalls Teile von Schlesien. Da der
Bischof diese Umstände nicht kannte, hätte er nicht sollen mit solchen Plänen
hervortreten; »allein hat er seiner gewohnheit nach sich daran nicht gekehret,
sondern selben allsogleich aller orthen gelten zu machen sich bemühet, und was
das schlimmste ist, andere Höffe auff gleiche gedauken zu bringen . . . gar sehr
sich bearbeitet.« Dieselbe Ansicht findet sich in dem Reskript an Colloredo vom
18. März (W. St. Ar.) ausgesprochen, wo es heisst: »Es äussert sich immermehr,
dass des Bischofs von Würzburg mit Raab geschmiedeten antrag das Friedenswerck
beschwerlicher macht«; ferner in dem Reskript an Palm vom 29. März. (W. St. Ar.)
Dennoch ist es mir nicht möglich gewesen, diesen Ausführungen zu folgen. Der
Bischof von Würzburg uud Raab sollen zusammen den Plan entworfen und dann
den anderen Höfen, und zunächst doch wohl dem Münchener Hofe mitgeteilt
haben. Nun ist aber im Bayerischen Geheimen St. Ar. die Korrespondenz Raabs
während seiner Abwesenheit von München enthalten. Was finden wir in derselben
auf diesen Punkt bezüglich? Nichts über jene Pläne, welche doch, wenn sie
wirklich gefasst worden wären, Raab ganz sicher berichtet hätte, wohl aber Aeusserungen über die Unzufriedenheit des Bischofs, sich gar nicht an den Verhandlungen
irgendwie beteiligen zu können. Ferner, wie können wir einen dem österreichischen
Interesse so zuwiderlaufenden Plan dem Fürsten zutrauen, welcher, wie er selbst
gestand, nicht einmal wagte, die viel bescheideneren Wünsche des Kaisers nach
dessen Tode den österreichischen Diplomaten zu unterbreiten. Er, der »Nestor«
unter den deutschen Staatsmännern, war doch zu schlau, um sich durch einseitige
Parteilichkeit die Gegnerschaft Oesterreichs zuzuziehen. Von dieser Seite zeigte
er sich auch gegenüber einem Antrage der Kurfürsten von Mainz und Trier zur
Association. Raab berichtete hierüber (18. März an Preysing): »Der fürst aber
scheinet die gefahr seiner Hochstiftslanden besser zu begreiffen, als dass er denenselben das ressentiment von der Cron Frankreich, gleich Chur-Maintz es zu erfahren hat beyziehen solte. Wie er indessen auf allen fall auch dem wienerischen
Hoff nicht in die augen schlagen will, so hat er von nichts als von einer exactesten
neutralitet, welche man ihme keinerseits verüblen könte, die sprache geführt.«
Man wende nicht ein, er sei über die Ansprüche der Hofburg im Unklaren
gewesen. Denn die Deklaration vom 1. Februar war ihm bekannt gegeben worden,
(s. Seite 55), und aus dieser musste er ersehen, dass Maria Theresia sich niemals zu
irgend welchen Gebietsabtretungen verstehen würde. — Und wie stand es mit Baron
v. Raab? — Nicht anders als mit Fürst-Bischof Karl Friedrich. Hatte schon dieser
alle Ursache, sich zu dem Hause Habsburg nicht feindlich zu stellen, so bemerken
wir bei Raab geradezu das Bestreben, sich demselben in jeder Weise nützlich zu
erzeigen. Schon damals verfolgte er den Gedanken, wieder in die Dienste Oesterreichs überzutreten, welchem er sein Emporkommen zu verdanken hatte. S. Brief des
Bischofs vom 26. Januar, Häberlin V, 109. Ueber sein späteres Verhalten s. Seeländer S. 81. Diese seine Parteistellung ist übrigens auch in Bayern den politischen
Kreisen nicht unbekannt geblieben; am 15 Februar schrieb Graf Emanuel von
Törring an seinen Vater, betreffs der Wahl Raabs zum zweiten Wahlgesandten,
man begreife vielfach nicht, »comment on pouvoit emploier dans une negotiation
aussy delicate et qui interessoit tant la Cour de Baviere un homme qui etoit née
Sujet de la Cour de Vienne, qui possede meme encore du bien sous la domination
de cette Cour, qui a toujour été attaché à la Maison de Schönborn etc.« Grfl.

seinen Oheim um eine wohlwollende Fürsprache gebeten hatte.[1])
Ein völliger Umschwung jedoch ward herbeigeführt, als Graf
Cobenzl dem Bonner Hofe jene Wienerische Deklaration vorlegte,
in welcher Bayerns Ansprüche als gänzlich rechtlos und nichtig
gebrandmarkt waren.[2]) Es ist begreiflich, dass eine solche
Auffassung den Kurfürsten Clemens August aufs tiefste erbitterte.
Sofort erinnerte er sich wieder seiner Pflichten als ältester Vertreter des Hauses Wittelsbach und war entschlossen, die Rechte
seines Neffen nach Möglichkeit zu wahren. Des Grafen Cobenzl
Stellung war entschieden erschüttert. Der eigentliche Leiter der
kurkölnischen Politik, Obersthofmeister Graf von Hohenzollern
bildete nunmehr eine geheime Konferenz, zu welcher er den
Kammerpräsidenten Baron von Bornheim und Geheimrat von
Föller hinzuzog. Für die Tendenz derselben war es von vornherein bezeichnend, dass Geheimrat von Steffné davon ausgeschlossen blieb, mit welchem der österreichische Gesandte sich

Törr. H. Ar.   Kann wohl nach alledem dieser Mann der Miturheber eines Projektes
gewesen sein, welches Maria Theresia so sehr erbittert hat?
Noch eine andere Unwahrscheinlichkeit drängt sich uns auf. Raab war
zweimal in dieser Zeit in Bamberg; das erstemal vom 11. Januar bis 22. oder
23. Januar; damals können die Vorschläge nicht gefasst worden sein; wollte doch
der Bischof sich erst vergewissern, ob der Kurfürst dem Frieden geneigt sei oder
nicht. Folglich käme nur Raabs zweiter Aufenthalt in Betracht. Derselbe währte
vom 4.—17. März. Nehmen wir an, dass schon in der ersten Konferenz am
5. März die neuen Pläne entworfen worden seien, so ist es doch fernerhin höchst
unwahrscheinlich, dass diese, wie in der Instruktion gesagt wird, nach Bonn berichtet, dort die ganze Stimmung umgeändert und dann im Haag vorgetragen,
Veranlassung zu jener Resolution gegeben hätten, welche schon am 12. März nach
Wien geschickt worden ist. Nehmen wir dagegen an, dass Köln der Urheber der
Bayern günstigen Vorschläge gewesen sei, welches dieselben ja auch allein offen
zur Sprache gebracht und bei den Seemächten vertreten hat, so stösst diese Annahme auf keinerlei Bedenken. Die Ursachen hierzu lagen für Clemens August
nahe genug; einmal in seinem Streben, Bayern zu vergrössern, seinen jungen
Neffen zu unterstützen, zweitens in seinem Verlangen, Preussen nach Kräften zu
verkleinern.
[1]) Dossart an Ulfeldt, 14. März. W. St. Ar.
[2]) Reskript an Colloredo, 29. März. W. St. Ar. »Wie wir vernehmen, solle
Champigny über einen vom graffen Cobenzl zu Bonn beschehen seyn sollenden
Vortrag ein grosses geschrey in Engelland erwecket haben, und sich auch im
Nahmen Chur-Cöllen bey der Republic Holland darüber beschweret worden seyn.
Da aber damahls graff Cobenzl Unsere aussöhnungspuncten dortigem Hoff noch
nicht mitgetheilet hatte; So ist nicht wohl begreifflich, was zu einem solchen
geschrey anlass gegeben haben möchte.« Es kann für uns wohl kaum zweifelhaft
sein, dass dieser »Vortrag« Cobenzls vom 19. Februar sich mit jener »Erklärung«
vom 1. Februar beschäftigte; da ja in der That die Eröffnung der Aussöhnungspunkte erst am 7. März geschehen ist, sonst aber Cobenzl nichts mitzuteilen hatte,
was einen derartigen Unwillen des Bonner Hofes erregen konnte. Irgend welche
eigenmächtige »Propositionen« in dieser Konferenz vom 19. Februar gemacht zu
haben, leugnet Cobenzl entschieden (s. seinen undatierten Bericht an Maria Theresia
W. St. Ar.).

stets am besten verständigt hatte. Dessen undiplomatisches Auftreten drohte die Sache vollends zu verderben. So verlangte
er von Hohenzollern Mitteilung des Briefwechsels mit München;
eine Anmassung, welcher die verdiente Zurechtweisung sofort zu
Teil wurde, indem Hohenzollern ihm bedeutete, dass sein Herr
doch wohl schreiben dürfe, was er wolle, ohne Cobenzl »rede
oder antwort zu geben«.[1]) Bald folgten neue heftige Auseinander-
setzungen zwischen beiden, welche zur Folge hatten, dass der
hochfahrende Oesterreicher insgeheim gegen jenen zu intriguieren
begann. Auch Bornheim und Föller waren tief verstimmt. Kein
Wunder, dass Kur-Köln durch dieses unkluge Verhalten Cobenzl's,
für welches Maria Theresia nur einen bedingten Tadel fand, noch
mehr veranlasst wurde, sich in bayerischem Interesse zu verwenden.

Sein Geschäftsträger Champigny musste in London Anträge
auf eine Geldaushülfe sowohl wie auf Länderabgabe stellen[2]) und
auch im Haag wurde wegen der allzuweit gehenden Forderungen
Oesterreichs Beschwerde erhoben. Dabei soll sogar Köln erklärt
haben, dass seine Wahlstimme dem Bayern schon zugesichert sei.[3])

Diese Vorstellungen Kölns bei den Seemächten hatten
glänzenden Erfolg. Gerade die Hilflosigkeit Bayerns verschaffte
ihm deren Unterstützung gegen das allzu mächtig aufstrebende
Oesterreich, dessen staatsmännische Konsequenz als zu weit
gehende Härte verurteilt wurde.[4]) Von den Generalstaaten wie
von England liefen an ihre Gesandten in Wien, Burmania und
Sir Thomas Robinson die Weisungen ein, dass sie die bayerischen Ansprüche ebenso wie die sächsischen zu unterstützen
hätten.[5]) Schon wollte man gehört haben, dass Holland entschlossen sei, Oesterreichs Streben nach der Kaiserkrone in
keiner Weise zu fördern.

Davon war freilich in Köln zur Zeit noch nichts bekannt.

---

[1]) Bossart an Ulfeldt, 14. März. W. St. Ar
[2]) Reskript an Colloredo, 29. März. Ebd.
[3]) Kesselstatt an den Kurfürsten von Mainz, 11. März. Mainzer Ar. Dies
wird uns ausserdem bestätigt durch die Briefe des Grafen Emanuel von Törring
an M. de Montmartin, vom 26. Februar und 16. März, in letzterem heisst es:
»Nons avons tout lieu d'etre content de l'Electeur de Cologne, ce Prince a declaré
tout net au Ministres Maritimes, qui lui demanderent à qu'il comptoit de donner
son souffrage pour la Couronne Imperiale que c'etoit à son neveu et malgré toutes
leurs remontrantes, il resta ferme dans sa reponse; on m'a assuré que ces Ministres
avoient demandé une somme d'argent à leurs Cours pour soutenir leurs negotiatlon,
il est sur, qu'avec ce moien ils auront bientout gagné tout le ministre de Bonn,
mais pour l'Electeur quant il a une fois pris un party il en revient rarement.«
Grfl. Törr. H. Ar.
[4]) Reskript an Palm, 29. März. W. St. Ar.
[5]) Ebd. und Colloredo ad Reg., 2. April. W. St. Ar.

Als Hohenzollern sich mit dem holländischen Gesandten d'Aylva über die Frage der Länderabgabe verständigen wollte, erklärte ihm dieser, auch ohne besondere Instruktionen versichern zu können, dass die Seemächte einem derartigen Plane nicht zustimmen würden.[1] Die Folge davon war, dass Hohenzollern am 7. März in einer Konferenz mit dem bayerischen Minister über eine anderweitige Erwerbung für Bayern beriet, welche jährlich mindestens 500000 Gulden Einnahmen abwerfen sollte.[2] Ganz anderer Meinung wie kurz zuvor, erinnerte er jetzt selbst daran, dass der Königin im Breslauer Frieden ihre Länder mit Ausnahme Schlesiens garantiert worden.

Mit dieser Ansicht kann es dem kurkölnischen Minister gewiss nicht ernst gewesen sein; auch für die Kölner Politik hiess es zunächst abwarten, wie sich die Situation gestalten würde. Wurde doch unter der Hand schon der Gedanke erwogen, dass sich Clemens August selbst nach Mergentheim begeben wolle, um den Verhandlungen näher zu sein.[3] Vorher aber wollte man erst die Erfolge des nach München zu entsendenden Gesandten abwarten.[4] Die Wahl war auf den westphälischen Landdrosten und Domkapitular Freiherrn v. Droste gefallen.[5] In der Konferenz, welche den 7. März 10 Uhr vormittags bei dem krank darniederliegenden Bornheim stattfand, wurden dem reisefertigen Gesandten durch Cobenzl kurz die Wiener Aussöhnungspunkte verlesen, welche er sich noch in aller Eile notierte; eine Abschrift davon hat ihm Cobenzl nicht mitgegeben.[6] Wenige Tage später, am 14., teilte Clemens August dem Kurfürsten von Mainz die Abreise seines Gesandten mit, sowie seine Absicht, durch denselben den Vergleich mit Oesterreich befördern zu helfen.[7] Johann Friedrich Karl antwortete ihm am 18., dass er Kesselstatt anweisen werde, mit Droste gemeinsam zu agiren.[8] Offenbar war ihm nicht entgangen, dass sein Gesandter der Aufgabe doch nicht gewachsen war[9]; zudem mochte ihn das energische Eingreifen der Seemächte verschüchtert haben. Sicher ist, dass er selbst gelegentlich

---

[1] Relation Cobenzls, undatiert. W. St. Ar.

[2] Ingelheim, der kurbayerische Gesandte in Koblenz, an Praidlohn, 8. März. M. St. Ar.

[3] Cobenzl wurde erklärt, dass man erst das Resultat der Sendung Drostes abwarten wolle, bevor man sich offen erkläre. Reskript an Colloredo, 18. März. W. St. Ar.

[4] Praidlohn an Seckendorff, 2. März. M. St. Ar.

[5] Am 6. März teilte Clemens August dies seinem Neffen mit. M. St. Ar.

[6] Cobenzls Bericht vom 8. März; Bossarts Bericht vom 14. März. W. St. Ar.

[7] W. St. Ar.

[8] Ebenda.

[9] In seinem Bericht vom 11. März hatte dieser darüber geklagt, dass er sin niemandem die geringste Assistenz habe«. Mainzer Ar.

äusserte, Oesterreich müsse seine Friedensliebe durch Abtretung von Vorder-Oesterreich bethätigen.[1])
Die Nachricht von dieser unvermuteten Umwandlung der öffentlichen Meinung änderte allmählich aber gründlich die Ziele der bayerischen Politik. Zuversichtlicher wieder traten die Männer der Kriegspartei auf, zumal die fremden Gesandten, denen die Friedensbestrebungen der letzten Wochen nicht verborgen geblieben. Klinggräffen[2]), sowohl wie Chavigny, dessen Einfluss neuerdings so gestiegen war, dass er das Recht hatte, jederzeit und ohne Anmeldung in den Gemächern des Kurfürsten zu erscheinen[3]), hatten beide mit dem Scharfblicke des Argwohns schon längst erkannt, dass Max Joseph zum Frieden hinneige. Als Batthyany um einen französischen Pass für Colloredo nachsuchte, wagte er es, denselben zu verweigern. Gegen Kesselstatt äusserte er am 17. März hierüber kurz und bündig: es sei nicht nötig, dass ein österreichischer Gesandter nach Mainz oder Frankfurt reise. Ja, er verstieg sich sogar zu der Drohung, dass er, falls Stephan die böhmische Königskrone annehme, unverzüglich auch Max Joseph zu dem gleichen Schritte veranlassen werde[4].) Es ist bedeutsam, dass auch Törring die Ausfertigung des erbetenen Passes abschlug; mehr noch, dass der Kurfürst es ihm nicht zu befehlen wagte, angeblich um nicht Frankreichs Argwohn zu steigern.[5])

Ein bedeutender Erfolg für die Kriegspartei war es ferner, dass auch Preysing, der Mann der nationalen Politik wie kein zweiter, und als solcher vom Volke geschätzt und anerkannt, mehr und mehr in ihr Lager übertrat. Schon jetzt war klar, dass er niemals einem Frieden zustimmen würde, in welchem Bayern mit leeren Händen ausging.[6]) So hoch verstiegen sich die Hoffnungeu, dass man es nicht für aussichtslos hielt, für den jungen Kurfürsten die vielumworbene Kaiserkrone doch noch zu gewinnen; der Stimme Kur-Kölns glaubte man hierbei sicher

[1]) Reskript an Colloredo, 29. März. W. St. Ar.
[2]) S. Friedrich an Klinggräffen, 9. Februar. Polit. Korresp. B. IV S. 40.
[3]) Kesselstatt an Erthal, 19. März. Mainzer Ar. Dasselbe Vorrecht hatte übrigens auch der Herzog Clemens von Pfalz-Zweibrücken und dessen Bruder; Loss an den König August, 20. März. W. St. Ar.
[4]) Kesselstatt an Kurfürsten von Mainz, 17. März. Mainzer Ar.
[5]) Ebd. und Praidlohn an Seckendorff, 16. März. M. St. Ar.
[6]) Kesselstatts Diarium, 2. März: »der Herr graff von Preising zeiget sich noch zur Zeit gantz hart, und meldet ausdrücklich, dass, weyl von Chur-Bayern ehedessen friedens-propositiones geschehen, selbige aber von dem Wienner Hofe nicht angenommen worden, mann dahier solche jetzo abwarten müste, jedoch würde nichts zu thun seyn, weil der Wienner Hof nichts geben wolte.« Mainzer Ar. S. ferner seinen Bericht vom 8. und 11. März. Ebd.

zu sein.[1]) Während Preising schlicht und gerade seine Ansicht äusserte, ohne Gewinn kein Frieden, suchte der geschmeidigere Praidlohn den Schein des Entgegenkommens Kesselstatt gegenüber zu wahren.[2]) Doch dieser war nicht mehr zu täuschen. So schrieb er am 13. März an den Kurfürsten: »Meine Ansicht ist, entweder will man uns die Vermittlung nicht gönnen, oder das Ganze ist nur Spiegelwerk, um Zeit zu gewinnen; Seckendorff, der alles veranlasst, will damit Inaktion der Oesteireicher erreichen, um dem Kurfürsten Zeit zum verschnaufen zu lassen.[3])

Er hatte das Richtige getroffen, nur in der Ansicht über die Mitwirkung Seckendorffs war er fehlgegangen. Bald sollte auch der Augenblick kommen, wo der Münchener Hof die Maske von sich warf und sich — zum letzten Male — offen zu der Politik Karls VII. bekannte.

Am 9. März sind die beiden Schreiben Raab's aus Bamberg vom 6. d. M. dem Kurfürsten und Grafen Preysing präsentiert worden. Denselben war, wie bekannt, eine Abschrift jener wienerischen Erklärung beigefügt worden. Wie offenbarer Hohn musste diese mit ihrer schroffen Sprache von dem Münchener Hofe empfunden werden, gerade jetzt, wo sich die Stimmung der vermittelnden Mächte entschieden auf Bayerns Seite geneigt, wo Preussen[4]) und Frankreich[5]) neue Erklärungen gegeben hatten. Die hier geforderte Trennung von diesen beiden Bundesgenossen hiess nichts anderes, als sich völlig der Gnade Oesterreichs zu überantworten; hatte man erst die Mittel des Widerstandes aus der Hand gegeben, so war an einen vorteilhaften Vergleich erst recht nicht mehr zu denken. Blieb man dagegen standhaft, so schienen die Aussichten günstiger denn je. Es ist wohl als sicher anzunehmen, dass alle diese Momente zusammenwirkten, um den Münchener Hof zu veranlassen, jetzt auch seinerseits den schon lang geplanten Schlag zu führen. In der grossen Konferenz vom 17. März, an welcher zum erstenmale auch Törring wieder teilnahm, entschied sich der Kurfürst, die Entscheidung durch das Schwert anzurufen. Zwei Tage später, am 19. März wurde das seit Wochen bereit gehaltene Zirkular-Reskript in die

---

[1]) M. de Montmartin an Graf Emanuel Törring, 2. März. »Son Alt. Elect. de Baviere peut concevoir des grandes esperances pour la Couronne imperiale« und Kesselstatt, 11. März. Mainzer Ar.

[2]) Kesselstatt, 13. März. Ebd.

[3]) Ebenda.

[4]) S. Friedrich an Max Joseph, 12. Februar und 14. März. Polit. Korresp. B. IV, S. 48 u. 80.

[5]) Würdinger, Oberbayer. Arch. B. XLVI, Heft I S. 75.

Welt gesandt[1]), um bald nachher in Frankfurt gedruckt zu werden.[2]) Es war eine offenbare Herausforderung, die schärfste und gelungenste Antwort auf die Sprache der Hofburg; der Kampf zwischen Habsburg und Wittelsbach trat damit in seine letzte Phase. Für Bayern war die Kriegslage keineswegs verzweifelt. An Donau und Main war man dem Gegner numerisch mehr als gewachsen. Auf Marschall Maillebois waren zunächst aller Augen gerichtet; ein Sieg in diesen Gegenden hätte aller Voraussicht nach auch Bayerns Sache gerettet. Schon hatte der Marschall den Rhein wieder überschritten,[3]) schon stand seine Vereinigung mit Graf Löwendal bevor, welcher bei Bingen ein festes Lager bezogen hatte.[4]) Auch in Schwaben, so hiess es, sei die französische Macht um 10 Bataillone und 2000 Rekruten verstärkt worden.[5]) Man sieht, die Gefahr, Bayern zu verlieren, hatte in Frankreich beachtenswerte Anstrengungen zur Folge. Chavigny, welcher eine seltene Rastlosigkeit im Entwerfen stets neuer Pläne entwickelte, sprach davon, dem jungen Kurfürsten den Oberbefehl über die vereinigten Armeen zu übertragen, welche dann allerdings allen Streitkräften der Oesterreicher auf bayerischem Boden weitaus überlegen gewesen wäre.[6]) Jedoch selbst wenn dieser Antrag ernst gemeint war; dem jungen Max Joseph lag kriegerischer Ehrgeiz durchaus fern; auch wären die ruhmlosen Kriegs-

---

[1]) Befindet sich abschriftlich im B. Geh. St. Ar. mit dem Präsentatvermerk vom 20. März. Vgl. »Denkschrift des Prinzen Wilhelm von Hessen-Kassel über die Hanauer Friedensverhandlungen von 1743. Koser, Preussische Staatsschriften, B. I S. 623—88. S. daselbst S. 632: »das Schreiben — vom 19. März — ist nach einer Einleitung im Wesentlichen eine deutsche Uebersetzung der Aufzeichnungen des Prinzen Wilhelm über die Hanauer Verhandlungen.« Zur selben Zeit, als dem Münchener Hofe die Deklaration vom 1. Februar bekannt wurde, erschien in den »Berlinischen Nachrichten« eine Fälschung derselben. S. hierüber Seeländer S. 68 ff.

[2]) Raab an Preysing, 81. März. B. Geh. St. Ar. Daselbst berichtet er auch über den Eindruck, welchen das Reskript auf die in Frankfurt versammelten Gesandten gemacht habe. »Das letzt erlassene und nunmehro hier zum drucke gekommene Churfürstl. gnädigste Circular-Rescriptum vom 30. Januar findet bey allen hiesigen gesandtschafften einen ohngemeinen beyfall und gutten eingang.« Aehnlich äussert er sich in seinem Schreiben an Preysing vom 2. April: »Das letzt herausgekommene Churfürstliche gnädigste Circular-Rescriptum gehet denen hiessigen gesandtschaften immer besser ein und begreifen dieselbe ganz wohl, dass diesseits zu beförder- und herstellung des fridens ein mehreres, als sich die Welt bat vorstellen können, seyn angebotten und erkläret worden, und dass diessemnach das Röm. Reich und dessen Stände die fürdaurung des Krieges und der anhaltenden Beschwehrnussen lediglich der gegentheiligen härtigkeit beyzumessen haben.«

[3]) Colloredos Relatio ad Reginam, 22. März und Colloredo an Starhemberg, 22. März. Beide W. St. Ar. S. Oesterr. Militär. Zeitschrift 1826, B. III. Ereignisse beim Heere Ahremberg's 1745.

[4]) Schreiben des Baron Stapel an Grossherzog Franz, 16. März. W. St Ar.

[5]) Kesselstatt an Mainz, 17. März.

[6]) Ebenda, Mainzer Ar.

jahre der gemeinsamen Kriegführung seines Grossvaters mit französischen Marschällen noch in aller Gedächtnis. Immerhin war dieses Entgegenkommen des Franzosen geeignet, seinen Einfluss zu steigern. Auch Törring trat zuversichtlicher auf. Ging er doch so weit, den Grafen Königsfeld aus der Konferenz auszuschliessen,[1]) womit er Kesselstatt seine letzte Stütze am Hofe entzog. Dessen Stellung war allmählich, sehr durch eigene Schuld, völlig bedeutungslos geworden; auch Droste, welcher am 14. in München angelangt war, hielt sich ihm fern. Um ihn vollends unmöglich zu machen, begegnete ihm Chavigny, dieser Meister der höfischen Kabale, in entwürdigendster Weise.[2]) Wieder einmal, wie so oft schon früher und auch später noch, wurde im diplomatischen Verkehre jene Sprache eines französischen Gesandten vernommen, wie sie Ludwig XIV. in den übermütigsten Tagen seiner Macht von seinen auswärtigen Vertretern zu fordern pflegte.

Immer mehr erhitzten sich die Gemüter, zu immer radikaleren Mitteln griff die Kriegspartei; um einen Abschluss mit Oesterreich unmöglich zu machen. Auch das Völkerrecht fand keine Berücksichtigung mehr. Unbedenklich liess Törring einen österreichischen Trompeter und einen Tambour niederschiessen,[3]) welche sich als Parlamentäre dem bayerischen Lager genähert hatten.

Aber auch Seckendorff liess nichts unversucht, um das Zusammentreffen Fürstenbergs mit dem österreichischen Bevollmächtigten doch noch zu ermöglichen. Da er sah, dass die Pässe für Colloredo nicht zu erlangen waren, derselbe aber ohne diese Augsburg nicht ungefährdet aufsuchen konnte, kam er mit Fürstenberg überein, das vom Kriegsschauplatz weit entfernte Nürnberg als Ort der Unterhandlung vorzuschlagen.[4]) Auch nachdem der letztere zusammen mit seinem Bruder, dem Grafen v. Fürstenberg am 18. Augsburg

---

[1]) Kesselstatts Bericht vom 22. März. Mainzer Ar.

[2]) Kesselstatts Bericht vom 22. März. Mainzer Ar. Bei einem von Chavigny veranstalteten diplomatischen Festmahle äusserte sich dieser über den Kurfürsten von Mainz in so starken Ausdrücken, dass Kesselstatt die gleichfalls anwesenden Gesandten Stoppani und Loss bei Seite nahm und ihnen erklärte, die Schmähungen auf seinen Herrn nicht länger anhören zu dürfen.

[3]) Seckendorff an Praidlohn, 3. März. M. St. Ar. In den Verhandlungen vom 13. April in Füssen hat Colloredo diesen Vorfall nochmals erwähnt; siehe Protokoll. W. St. Ar.

[4]) Offenbar wollte er hiermit einem von Seiten des Wiener Hofes ausgesprochenen Wunsche entgegenkommen, für die Verhandlungen einen Ort zu wählen, an welchem sich der königliche Bevollmächtigte mit Sicherheit einfinden könnte. Vgl. Ulfeldt an Kesselstatt, 17. März. Mainzer Ar.

verlassen hatte, um nach München zurückzukehren[1],) handelte
Seckendorff selbständig weiter. Von seiner Abreise nach Meuselwitz war kaum noch die Rede; schon seine ganze Einrichtung
in Augsburg deutete ein längeres Verweilen an.[1]) Mit schlauer
Berechnung suchte er immer wieder die Hoffnungen des Münchener
Hofes herabzudrücken.[3]) Während er riet, man müsse suchen,
Zeit zu gewinnen, denn »wer Zeit gewinnet, gewinnet alles«,[4])
handelte er selbst diesem Rate durchaus zuwider. Am 20. März
sandte er seinen Neffen, Hauptmann von Seckendorff, in das
Lager Thüngens, mit dem Vorschlage, die Verhandlung in das
markgräflich-ansbachische Schloss des Oberamtes Uffenheim bei
Nürnberg zu verlegen.[5]) Sofort wurde dies nach Wien berichtet.
Doch unterdessen waren in München neue Entwürfe ans
Licht getreten, ein Ergebnis der herrschenden Stimmung. Da
man mit Seckendorffs bekannten Forderungen vom 4. März schon
nicht mehr zufrieden war, hatte man beschlossen, auch den Wunsch
nach der »Dignité Royale« aufrecht zu erhalten, sowie auf die
Erreichung eines »soliden und beständigen Fundi« zu dringen,
»wodurch und nicht durch etlichjährige Subsidien man dem Hause
Bayern aufhelfen könne.«[6])

Dem Freiherrn v. Droste, welcher die Wünsche Bayerns
kennen lernen wollte, wurde das Ultimatum der Hanauer Verhandlungen mitgeteilt, welches in der That der Hauptsache nach
mit den augenblicklichen Forderungen übereinstimmte. Sofort
entsandte er es nach Bonn, wo es zu neuen Projekten Anlass gab.
Hiernach sollte Max Joseph als König von Bayern anerkannt
werden, und ausserdem von seinen Verbündeten hinreichende Geld-
unterstützung in monatlichen Raten so lange erhalten, bis man

---

[1]) Ueber diesen resultatlosen Aufenthalt Fürstenbergs in Augsburg und seine
plötzliche Abreise nach München schrieb Colloredo am 6. April an Kesselstatt
(W. St. Ar.): »Des Herrn Commissarii vorgewesste Reiss scheinet mir dazumahl
ein Blendwerk gewesen zu sein« u. s. w.

[2]) So war Colloredo durch seinen heimlich nach Augsburg entsandten
Kurier Neumann benachrichtigt worden, dass »obwohlen Verschiedene von einer
Reiss nach Möselwitz sprecheten, so liesse er (Seck.) doch in dessen Behausung
seine Zimmer dergestalten einrichten, dass es einen längeren aufenthalt in schon
Bemeltem Augspurg bedeuten will; die Estaffeten und Couriers laufeten von ihme
an den Münchner Hof und zurück fast täglich ab.« Colloredo ad Reginam, 26. März.
W. St. Ar.

[3]) Seckendorff an Praidlohn, 17. März. M. St. Ar.

[4]) Seckendorff an Praidlohn, 25. März. M. St. Ar.

[5]) Thüngen an Franz Stephan, 20. März. W. St. Ar.

[6]) Praidlohn an Seckendorff, 28. März. M. St. Ar. Dabei hoffte man wohl
noch nach geschlossenem Frieden aus der Anerkennung der böhmischen Wahlstimme und Zugeständnis der eigenen, wie Praidlohn es ausdrückte, eine »ver-
gnügliche Satisfaction a parte« zu erlangen. Ebd.

Mittel gefunden, »d'augmenter ses revenus d'une facon solide et réelle à perpetuité.«[1])

Man durfte umsomehr hoffen, mit derartigen Plänen durchzudringen, als auch Sachsen sich jetzt vertraulicher zeigte. Graf Loss hatte erkannt, dass das Streben nach der Kaiserkrone hier so gut wie ganz aufgegeben war, und konnte daher auch seine Absichten entwickeln. Dabei zeigte es sich denn, dass der Dresdener Hof trotz mancher gegenteiligen Versicherung im geheimen noch immer nach der höchsten Würde trachtete. Offen erklärte Loss dem mainzischen Gesandten, dass sein König, falls er die nötige Unterstützung fände, zu deren Annahme bereit sei.[2]) Und diese schien ihm von mehreren Seiten schon völlig sicher zu sein. Erzählte man sich doch in München, dass die Seemächte am Wiener Hofe erklärt hätten, »wenn Chur-Sachsen die Kaysers-Crohn mit ernst suche, sie ihm nicht aus Handen gehen könte.«[3])

So durfte Törring in der Konferenz nach Entfernung Königsfelds den Antrag stellen, die Wahl auf Kur-Sachsen zu lenken;[4]) gelang dies, so war damit der Warschauer Traktat zerrissen, und Bayern gewann einen neuen, mächtigen Verbündeten für seine Pläne. Auch bezüglich der schon lange projektierten Doppelheirat mit dem Hause Wettin wurden neuerdings Verhandlungen eingeleitet.[4])

In Sachsens ehrgeizigem Streben lag für den Wiener Hof die grösste Gefahr. Daher war man hier geradezu empört, als dasselbe in höchst eigenmächtiger Weise von einer Seite gefördert wurde, von der man es am wenigsten erwartet hätte, nämlich von dem mainzischen Gesandten, Baron von Erthal, welcher von seinem Kurfürstsn Ende Januar an die Höfe von Hannover, Berlin, Dresden, Prag und Wien gesandt war, um dieselben auf den 1. Juni zur neuen Kaiserwahl einzuladen.[5]) In Berlin hatte er die schriftliche Erklärung seitens des Hofes verlangt und erhalten, dass Friedrich die böhmische Wahlstimme nicht anerkenne, selbst für den Fall, dass die Majorität sich dafür erklären sollte.[6]) Noch unglücklicher verlief seine Sendung in Dresden, wo er sich durch den Konferenzminister von Hennicke für dessen antihabsburgische Ideen gewinnen liess.[7]) Als er am 19. März in Wien anlangte, entwickelte er hier sofort seine ver-

---

[1]) W. St. Ar. Beilage.

[2]) Kesselstatts undatierter Bericht. Mainzer Ar.

[3]) Kesselstatts Bericht vom 27. März.

[4]) Kesselstatts Bericht vom 22. März. Ebd.

[5]) Siehe seine Instruktion vom 31. Januar. Mainzer Ar.

[6]) Beilage zu dem Reskript an Palm vom 29. März. W. St. Ar.

[7]) Erthal an Kesselstatt, 24. März. Mainzer Ar.

worrenen Pläne, denen zufolge Oesterreich die sächsische Wahl-
stimme um hohen Preis erkaufen sollte, oder zugeben, dass
August Kaiser, der junge Erzherzog Joseph römischer König
würde.[1])
    Es war in Wien abzuwarten, ob diese und andere von
Erthal vorgebrachte Projekte wirklich von dem Leiter der sächsischen Politik, Grafen Brühl, ausgegangen oder auf den Mainzer
Gesandten allein zurückzuführen seien; die Unklarheit dieses
Diplomaten war schon von Sir Thomas Villiers, dem englischen
Gesandten in Dresden, erkannt worden. Man erwartete daher
mit Ungeduld den erbetenen sächsischen Gesandten, Legationsrat
von Saul, um hierüber Aufklärung zu erhalten.
    Dass Sachsen nie mit Preussen zusammengehen werde,
dessen war Maria Theresia freilich schon jetzt sicher, da ihr
Brühls Hass gegen den übermächtig werdenden nordischen Nachbar bekannt war.
    So standen die Verhältnisse für die beiden Mächte Oester-
reich und Bayern nicht ungleich.
    Schliesslich kam doch alles darauf an, wer im Kampfe mit
den Waffen die Oberhand gewinnen würde. Zunächst fanden am
Mittelrhein, wo nach der Meisten Meinung die Entscheidung
fallen musste, einige militärische Bewegungen statt. Maillebois,
ein Feldherr von dem brutalen Hochmute und der Raubgier der
Marschälle Ludwigs XIV., freilich ohne deren Talente, näherte
sich dem Mainzer Gebiete, um den Kurfürsten wegen seiner ver-
steckten Parteinahme für Oesterreich zu züchtigen. Den Beweis
hierfür spielte ihm der Zufall in die Hände. Es gelang ihm
nämlich, einen Kurier des hannoveranischen Gesandten in Frankfurt, von Hugo, aufzufangen, welcher unter anderem einen Brief
vom 13. April an den braunschweigischen General von Sommer-
feld zu befördern hatte, aus welchem zu ersehen war, dass der
Kurfürst von Mainz den Truppen Ahrembergs erforderlichen

---

[1]) Reskript an Palm, 29. März. W. St. Ar. Wobei Erthals abenteuerliche
und unklare Bestrebungen die schärfste Kritik erfahren. Maria Theresia charak-
terisiert ihn hierbei folgendermassen: »Der Mann hat an dem aneinanderhang
derer grossen weltgeschäften weder die nöthige kendtnis, noch zulänglichen be-
griffe. Ist anbey einbilderisch, so dass er glaubet, die mehriste Europäischen
Höffe nach seinen idéen leiten zu können, nicht minder mit Vorurteilen einge-
nohmen, und von aller rücksicht auf den eygenen nutzen keineswegs frey, vielmehr bemühet, jede hierzu günstig anscheinende gelegenheit sich zu nutzen zu
machen. Bey welcher gedenckensarth also keine sondere kunst erfordert wird,
umb ihn auff irrwege zu leiten.« Durch den englischen Gesandten in Dresden
Sir Thomas Villiers war der Wiener Hof schon auf die Pläne Erthals vorbereitet
worden.

Falls freien Durchzug durch sein Gebiet gestattet habe.¹) Ferner
gab dem Marschall der unblutige Ueberfall einer Hand voll
französischer Soldaten durch bewaffnete mainzische Bauern einen
neuen Vorwand zur Ergreifung energischer Massregeln.²) Daher
forderte er von dem Kurfürsten, ihm zu seiner Sicherheit das
feste Bergschloss Königstein im Taunus einzuräumen, indem er
anderenfalls mit der Blokade von Mainz drohte. Nachdem schon
die Einschliessung der Bergfestung begonnen hatte, ward sie am
Vormittag des 30. März von der schwachen Garnison geräumt,
welche sich nach Mainz zurückzog.³) Damit jedoch nicht zufrieden, hatte Maillebois von dem Kurfürsten auch noch die
Lieferung von 800000 Rationen oder falls diese nicht aufzu-
bringen seien, eine dementsprechende Geldsumme bis zum 8. April
gefordert.⁴) Vergebens sandte Friedrich Carl seine Hof- und
Kammerräte von Lohmer und Endlich in das französische Lager
bei Usingen, um gelindere Bestimmungen auszuwirken; sie wurden
herrisch zurückgewiesen.⁵) Darauf verwandte sich der bayerische

¹) Dieses aufgefangene Schreiben des Herrn v. Hugo befindet sich abschriftlich im W. St. Ar. Vgl. auch Kesselstatts Bericht vom 25. März. Mainzer Ar. Es
ist bald genug der Gedanke aufgetaucht und er lag in dieser Zeit nahe genug,
dass dieser Brief von französischer Seite gefälscht worden. Diesen Argwohn spricht
Erthal aus (an Kesselstatt, 3. April); er hält es für höchst wahrscheinlich, dass
dieses angeblich Hugo'sche Schreiben »ein Partus Supposititius von einem Ehr-
vergessenen und gewissenlosen menschen seyn müsse, welcher der Cron Frankreich
dadurch ein praetext stiften wollen, das neutralitäts und tractat's widrige Verfahren gegen ihro churfürstliche Gnaden vor der weld zu beschönen.« Dagegen
jedoch spricht einmal ein Schreiben aus Frankfurt vom 26. März (W. St. Ar.),
welches berichtet: »Der Chur-Braunschweigische Gesandte Baron von Hugo ist
über die aufhebung seines an den Herzog von Aremberg und General Sommer-
feld abgeschickten Courier sehr unruhig, weil die briefschafften, so selbiger gehabt,
in Teutscher sprach und ohne chiffre geschrieben, auch der gegentheil schon
solche zu publiciren gedrohet«; ferner auch die in dem Schreiben befindliche
Charakteristik Maillebois; denn es ist wohl nicht anzunehmen, dass dieser, um
über die Unechtheit des Briefes zu täuschen, eine solche Beschreibung seiner
Persönlichkeit zugegeben haben würde, wie sie in dem Schluss des Briefes enthalten ist: »Le soldat a beaucoup de confience à Mr. de Maillebois qui est un
grand brutal et à l'air d'un boucher«.

²) Brief aus Frankfurt, 26. März. W. St. Ar.
³) Raab an Preysing, 31. März. B. Geh. St. Ar. Freiherr v. Limker, main-
zischer Kreisdirektorialgesandter in Frankfurt an Kesselstatt; 31. März. Mainzer Ar.
⁴) Raab an Preysing, 23. März. B. Geh. St. Ar.
⁵) Bericht der Kammerräte an ihren Kurfürsten vom 4. April, wonach
Maillebois sie mit den rauhen Worten abgefertigt habe: »Dites à Mr. votre Electeur que j'ordonne deux jours pour la Livraison de la Somme entière de fourage,
et que si cela ne sera pas executé, je ferai visiter les Caves, il entrera plus un
oeuf dans la Ville de Mayence (der Sinn erfordert: il n'entrera plus un oeuf etc)
et que je la ferai bloquer et bombarder, dites cela à Votre Electeur, il est notre
plus grand ennemi, je connois Ses Principes et Sentiments, dites luy cela, et n'y
repliqués mot!«

Gesandte, Graf v. Ingelheim für des Kurfürsten Sache, jedoch auch diese Demütigung war erfolglos.[1]) So blieb dem Mainzer schliesslich nichts anderes übrig, als die geforderten Rationen mit ¹/₂ Million Gulden abzutragen.[2]) Auch in Kur-Köln war man durch die Nähe der Franzosen aufs äusserste beunruhigt. Freilich war Clemens August in der Lage, der drohenden Gefahr wirksam zu begegnen. Nicht umsonst unterhielt er ein schlagfertiges Heer von 12000 Mann, mit welchem er seiner Politik Nachdruck verschaffte. Sobald sich der Marschall den Grenzen seines Landes nähern würde, so erklärte er entschlossen, werde er sein Heer zu Ahremberg stossen lassen.[3])

Waren demnach die Aussichten für die Oesterreicher am Mittelrhein von vornherein nicht die günstigsten, so durften sie um so eher an der Donau auf durchschlagende Erfolge rechnen.

Für den Feldzug des Frühjahrs 1745 war bayerischerseits noch bei Lebzeiten Kaiser Karls ein Heer von 60000 Mann veranschlagt worden. Doch schon in einem Briefe an Praidlohn vom 17. Februar konnte Seckendorff nachweisen, dass im besten Falle kaum 40000 Streiter im Felde erscheinen würden, von denen er 18000 Mann auf die bayerischen Streitkräfte berechnete.[4]) Nun wäre allerdings auch diese Truppenmacht stark genug gewesen, dem viel schwächeren Heere Batthianys erfolgreich die Spitze zu bieten, hätten nicht verschiedene Momente zu ihrer Demoralisierung mitgewirkt, vor allem die Unlust der Verbündeten.

Um seine einst so blühenden Länder vor gänzlicher Vernichtung zu retten, hatte der Kurfürst von der Pfalz, wie schon erwähnt, sich neutral erklären wollen; gegen seinen Willen wurde er jetzt wieder in das bayerische Heerlager durch den Befehl der Königin an Thüngen getrieben, die Pfälzer, wo er ihnen begegnete, als Feinde zu behandeln, die Kontributionen und Lieferungen aber auch fernerhin mit aller Energie einzutreiben.[5])

Vergebens hatte sich der Kurfürst an Kurmainz gewandt, um durch dessen Vermittlung bei Ahremberg Schonung seiner Lande

---

¹) Schreiben aus Augsburg vom 26. März an Colloredo; die Unterschrift lautet: e manu notus. Der Briefschreiber ist, wie sich aus Schriftvergleichungen ergiebt, niemand anders als der Domprobst von Dollberg, welcher unter dieser Unterschrift mit Colloredo lebhaft korrespondierte, auch dessen Briefwechsel nach München an Kesselstatt und Fürstenberg vermittelte, da Colloredo dem in Augsburg befindlichen Seckendorff nicht genügend traute.

²) Reskript des Kurfürsten von Mainz an Kesselstatt, 13. April. Erthal an Kesselstatt, 20. April. Beide Schreiben im Mainzer Ar.

³) Kesselstatts Bericht vom 30. März. Ebd.

⁴) M. St. Ar.

⁵) Nota für Verhalten Thüngens, undatiert. W. St. Ar.

zu erreichen[1]); vergebens waren auch die Unterhandlungen, welche der als Geisel für rückständige Lieferungen in Innsbruck internierte Freiherr v. Rummel in derselben Sache am 28. März mit Colloredo begonnen hatte[2]); die Oesterreicher fuhren fort, in den pfälzischen Gebieten mit einer Schonungslosigkeit zu wüten, welche dem Auftreten der Franzosen in nichts [nachgab. Die Pfalz und auch Bayern sind traurige Zeugen davon. Nie vielleicht seit den Tagen des grossen Krieges sind Deutsche von Deutschen so erbarmungslos und systematisch geplündert worden. Kein Wunder, dass die Unlust zum Kriege bei den Pfälzern stieg, welche ein fremdes Land verteidigen und dabei zusehen sollten, wie das ihrige zu Grunde ging. Dazu drohte den Bayern auch noch der Verlust des hessischen Kontingents, da der Kontrakt mit Hessen mit dem 31. März zu Ende ging und seine Erneuerung in dieser wenig aussichtsvollen Lage mehr als zweifelhaft erscheinen musste. Hiess es doch schon, dass in Kassel mit Holland über die Stellung von Subsidientruppen verhandelt werde.[3]) Zudem waren die bayerischen und mehr noch die französischen Truppen in kläglichstem Zustande; mit nur wenig Lebensmitteln und Geld versehen, schlecht gekleidet und bewaffnet, ohne Zuversicht zu sich und ihren Führern boten sie geringe Aussicht auf ein glückliches Gelingen des Feldzuges.[4])

Es war das deutlichste Zeichen ihrer Schwäche und nur aus dieser heraus erklärlich, dass sie sich von vornherein der Offensive begaben; weniger erklärlich freilich ist es, wie der österreichische Angriff sie auch jetzt noch vereinzelt in ihren Quartieren überraschen konnte, nachdem er schon wochenlang vorhergesehen und befürchtet worden war.[5]) Wieder zeigte sich,

---

[1]) In seinem Schreiben vom 24. Februar an Mainz klagt der Kurfürst von der Pfalz, dass seinen Sulzbach'schen und Neuburg'schen Landen schon das dritte Jahr von den Königlichen »auf eine im römischen Reich nicht erhörte arth und weiss zugesetzet« werde und bittet daher um seine Verwendung bei Aremberg und seinen »churvereinmässigen Beistand«. Am 20. März erwiederte darauf der Kurfürst von Mainz, dass er bei Ahremberg Vorstellungen darüber machen werde. Dieselben sind entweder gänzlich unterblieben oder wirkungslos gewesen; denn vom 29. März ist uns ein neuer Brief des Pfälzer erhalten, worin derselbe mitteilt, dass sich das Verhalten der Oesterreicher in nichts geändert habe. Die drei Schreiben enthalten im Mainzer Ar.

[2]) Colloredo ad Reginam, 29. März. W. St. Ar.

[3]) Seckendorff an Praidlohn, 15. März. M. St. Ar. Auch am Wiener Hofe hoffte man etwas derartiges: »Die hessischen Trouppen werden vielleicht auch in den Sold deren Seemächte gerathen,« so Ulfeldt in einer eigenhändigen Nachschrift seines Briefes an Colloredo vom 20. März. W. St. Ar.

[4]) Seckendorff an Praidlohn, 15. März. M. St. Ar.

[5]) Sogar Seckendorff hatte, am 13. März, ein warnendes Schreiben an Törring gerichtet. S. Würdinger, S. 77.

dass die Bayern aus den früheren Feldzügen nichts gelernt hatten; indem sie alles verteidigen wollten, behaupteten sie nichts. Auch diesmal erwiesen sich die Flussläufe von Donau und Inn als schlechte Deckung gegenüber den leichten feindlichen Truppen. In der zweiten Hälfte des März hatte Batthyany seine Operationen eröffnet; es geschah mit dem ganzen Schwung und Feuer, welche diesem geborenen Reiterführer von jeher eigen gewesen. Zwar die Witterung war die denkbar ungünstigte. Die Kälte war gewichen, anstatt des Schnees fiel anhaltender Regen und machte Strassen und Wege so schwer passierbar, dass gleich anfangs das schwere Geschütz nach Passau zurückgeschafft werden musste.[1]

In mehreren Kolonnen ward zunächst der Inn überschritten. Die südliche Abteilung führte General Trips bei Braunau gegen Pfarrkirchen vor; der erprobte Bernclau operierte von Schärding aus gegen das stark besetzte Schloss Griesbach, während Baronay mit seinen Ungarn sich von Passau aus über das platte Land ergoss.[2] Schreck und Verwirrung gingen ihnen voraus; die Ueberraschung war eine vollständige; mit Mühe sammelte Prinz Hildburghausen in den westlicheren Quartieren 8000 Streiter[3], viel zu wenig, um, wie ihr Führer gerne gewollt, dem Gegner in offener Feldschlacht den Sieg zu entreissen. Im Sturme wurde Pfarrkirchen genommen; von der Besatzung nahm Trips 200 gefangen, der Rest, 400 Mann stark, ward getötet oder zersprengt.[4] Am 24. März ergab sich Schloss Griesbach mit ansehnlicher Besatzung.[5] Um einen entscheidenden Schlag zu führen, setzten sich Batthyany und der ihm beigeordnete Feldmarschall-Lieutenant Browne gegen Vilshofen in Bewegung, um die daselbst liegende starke bayerisch-hessische Besatzung abzuschneiden. Am 28. März erschienen sie mit Uebermacht vor der Stadt; da ihr Kommandant General du Chaffat die Uebergabe verweigerte, wurde zunächst ein heftiges Artilleriefeuer eröffnet, wobei das ausserhalb der Stadt gelegene Bräuhaus in Flammen aufging; dann erfolgte der Sturm. Schon stand der Feind vor den Thoren, als Chaffat, das Vergebliche ferneren Widerstandes einsehend, die Waffen streckte; 3300 Mann fielen dadurch in die Hände der Sieger, welche diesen glänzenden Erfolg mit 15 Toten billig genug erkauft hatten.[6]

---

[1] Batthyany an Grossherzog Franz, 23. März. W. Kr. Ar.
[2] S. Extrakt eines Bericht-Schreiben aus dem Hauptquartier Russdorf (heute: Ruhstorf) den 23. März. W. St. Ar.
[3] Kesselstatts Bericht vom 27. März. Mainzer Ar.
[4] Ulfeldt an Colloredo, 27. März. W. St. Ar.
[5] Batthyany an Colloredo. Hauptquartier Karpfheim. 29. März. W. St. Ar.
[6] Batthyany an Colloredo. 30. März. W. St. Ar.

Am Vormittag des 31. März überbrachte Generalmajor v. Andlau die Nachricht nach Wien.[1]) Es war ein Sieg, moralisch und militärisch von den weittragendsten Folgen. Fielen jetzt noch Burghausen und Wasserburg, so stand der Weg nach München zum dritten Male offen.

In der österreichischen Kriegführung dieser Tage tritt uns ein neues Moment entgegen, wie wir es, freilich in ungleich grösserem Massstabe, in den Feldzügen Friedrichs des Grossen wiederfinden. Hatten sich noch in den Kriegen des letzten Jahrzehnts die Heerführer oft begnügt mit der Behauptung sogenannter verschanzter Linien und Wegnahme wichtiger strategischer Punkte, wobei sie das Wagnis der Feldschlacht eher ängstlich mieden als aufsuchten, so begegnen wir bei Batthyany und Browne einer weit energischeren Kriegführung, welche als Endziel nicht die Eroberung fester Plätze und Positionen, sondern die Vernichtung der feindlichen Streitmacht erstrebte. Unterstützt wurden sie hierbei durch die grosse Anzahl kühner Reitergenerale und Streifzugsführer, wie Bernclau, Baronay, Trips, Palffy, Draskowitsch und viele andere, welche schon in den Kämpfen an Donau, Rhein, Elbe und Oder ihre Meisterschaft bewiesen hatten.

So vereinigte sich alles, um den Bayern das Schicksal zu bereiten, welches Preussen für sich selbst befürchtet hatte[2]): mit Entschlossenheit angegriffen und geschlagen zu werden, noch ehe die Verbündeten im Felde standen.

Die Kunde dieser Erfolge stärkte den Wiener Hof in seinem Entschlusse, Stand zu halten und in keinem seiner Ansprüche nachzugeben; dabei fiel aber doch die unbeugsame Härte auf, mit welcher man in der Hofburg dem erschöpften Bayernlande die Zahlung der in's Ungeheuere angewachsenen Kontributionen zuzumuten entschlossen war; eine Forderung, welche am Wiener Hofe selbst aus der Mitte der königlichen Ratgeber ebenso menschliche wie gerechte Bedenken erweckte.[3])

In München wurde durch die Nachrichten von den Niederlagen am Inn und an der Vils die Sachlage mit einem Schlage

[1]) Ulfeldt an Colloredo, 31. März. Ebd. Ueber die kriegerischen Ereignisse des kurzen Winterfeldzuges vergleiche den schon erwähnten Aufsatz von Würdinger, welcher sich vornehmlich auf die sogen. Töpfer'schen Materialien stützt. Ueber deren Bedeutung s. Würdinger, Sitzungsberichte der Akademie; Sitzung vom 9. Februar 1878.
[2]) Vgl. Polit. Korresp. Eichel an Podewils, 22. März. B. IV, S. 85, 86.
[3]) Starhemberg an Colloredo, 27. März. W. St. Ar. Hierbei berechnet Starhemberg die Summe der Contributionen auf zwei Millionen Gulden und führt dann fort: »Ich getraue mir aber fast nicht viel davon zu schreiben; man möchte mich, wie man es anders bey dem hof befindlichen ministros thut, gar vor gut Bayrisch halten, oder wenigstens, dass mich alles überreden lasse . . . . Es ist

geändert. Die grausame Wahrhaftigkeit des Krieges vernichtete alle weiteren Versuche der Selbsttäuschung, und indem sie die Ohnmacht der verbündeten Heere erwies, verlieh sie den Forderungen der Hofburg Berechtigung und Nachdruck. In demselben Verhältnis, in welchem die Oesterreicher an bayerischem Boden gewannen, verlor Bayerns Sache seine Fürsprecher und Verteidiger. Ob es Sachsen mit seinem Streben nach der Kaiserkrone je völlig ernst gewesen, oder ob dieser Gedanke nur dazu dienen sollte, um auf Oesterreich erforderlichenfalls stets einen politischen Druck ausüben zu können, ist schwer zu entscheiden; sicher jedoch ist es, dass jetzt die Wolke gänzlich verschwand, welche sein Verhältnis zu Oesterreich so lange getrübt hatte. Als am 23. März der sächsische Legationsrat v. Saul auf den ausgesprochenen Wunsch des Wiener Hofes anstatt des vorher in Aussicht genommenen Geheimrats v. Gerstorff in Wien zum Zwecke politischer Besprechung anlangte, war das Einvernehmen beider Höfe schnell wieder hergestellt.[1])

Schlimmer noch war es für Bayern, dass am 30. März, dem Endtermine ihres Subsidienvertrages, wie schon lange befürchtet worden, die Hessen erklärten, sich nur noch defensiv verhalten zu wollen; ihr Befehlshaber, General von Brand, weigerte sich geradezu, vom Prinzen von Hildburghausen fernerhin Befehle anzunehmen.[2]) Auch die Vermittlung Friedrichs erwies sich als nutzlos.[3]) Schon versuchten die Hessen, noch 6000 Mann stark, ihre Bagage aus Bayern zu entfernen, natürlich nur, um derselben bei Zeiten nachzufolgen; da liess Törring rasch entschlossen dieselbe wieder zurückführen; denn wie er sagte, wenn nicht für Bayerns Sache, so sollten die Hessen für ihre eigene Habe fechten.[4]) Freilich, das Schicksal des Feldzuges konnte auch diese Handvoll Truppen nicht mehr wenden, selbst wenn sie es gewollt hätten.

---

darnach sehr harth, wann Man sich nicht getrauen darf, die sache, wie Man sie findet, vorstellen zu dörffen.« Es ist bezeichnend für die Selbständigkeit Maria Theresias in allen auswärtigen Fragen, dass auch ein so alter Diener ihres Staates nicht wagte, seine gegenteilige Ansicht laut werden zu lassen.

[1]) Erthal an Kesselstatt, 24. März. Mainzer Ar.

[2]) Praidlohn an Seckendorff, 30. März. M. St. Ar. Vgl. auch Seckendorff an Praidlohn, 29. März. Ebd. Darnach sollte der Prinz von Hessen dem Herzoge von Ahremberg schriftlich mitgeteilt haben: »d'avoir donné ordre à Ses trouppes de n'agir en Baviere que defensivement et qu'il accepteroit au premier jour La neutralité.« M. St. Ar. Vgl. auch Würdinger, S. 85 und 86.

[3]) Friedrich an Wilhelm v. Hessen, 4. April. Polit. Korresp. B. IV. S. 105.

[4]) Kesselstatts Bericht vom 4. April: ».... indem die letzten 6000 Mann Hessen Ihro equipage völlig fortgeschickt, der Graf von Thörring aber solche zurückführen lassen, mit dem Befehl, dass, wenn auch die Hessen nichts dahier wolten, sie. doch ihre equipage defendiren müsten.«

So verwickelt waren zur Zeit die politischen Verhältnisse, dass selbst da, wo die gemeinsame Sache der Alliierten obzusiegen schien, dies den Bayern mehr zum Nachteil als zum Segen gereichte. So waren Maillebois Unternehmungen am Mittelrhein entschieden vom Glück begünstigt gewesen; doch gerade diese Erfolge drohten Max Joseph seines letzten und treuesten Anwalts, des Kurfürsten von Köln, zu berauben. Da Clemens August nicht der Mann dazu war, sich durch die Nähe der Franzosen einschüchtern zu lassen, sah er sich durch die Grösse der Gefahr gezwungen, Mittel zu ihrer Abwehr zu treffen. Daher sammelte er seine Truppen und besetzte die Grenzen seines Landes, jeden Augenblick bereit, das Heer mit Ahremberg zu vereinigen. Eine fernere Folge war, dass die kurkölnischen Minister dringend den Frieden zwischen Oesterreich und Bayern wünschten, da dann am ehesten Hoffnung vorhanden war, sich der unbequemen Nähe der Franzosen zu entledigen. Daher war denn auch jetzt in Köln keine Rede mehr von einer Landabtretung Oesterreichs, vielmehr gab man sich wieder mit der Aussicht zufrieden, dem verwandten Kurhause aus preussischem Gebiete eine Entschädigung verschaffen zu können; der Trieb der Selbsterhaltung äusserte sich dabei so mächtig, dass dem Münchner Hofe sogar alle Werbungen im kurkölnischen Gebiete untersagt wurden.[1]) So erwuchsen Max Joseph neue Schwierigkeiten gerade aus dem Vordringen Maillebois, von welchem er Rettung für sich und sein Land gehofft hatte. Unterdessen ruhten in Bayern die österreichischen Waffen nur kurze Zeit.

Es zeugt von dem Vertrauen der bayerischen Offiziere auf die Feldherrntüchtigkeit Seckendorffs, dass der General St. Germain sich jetzt an ihn mit der Bitte wandte, er möge sich wiederum an die Spitze der geschlagenen Truppen stellen.[2]) Doch hätte auch er wahrscheinlich keine Rettung mehr gebracht. Am 1. April besetzte Bernclau das Städtchen Deggendorf am linken Donauufer, warf Trips bei Frontenhausen an der Vils 300 bayerische Kürassiere des Regiments Frohberg unter Oberstlieutenant Ibany bis nach Landshut in wilder Flucht zurück. Am folgenden Tage verlegte Batthyany sein Hauptquartier nach Osterhofen;[3]) die Verwundung Browne's hatte seinen Aufbruch verzögert.[4]) Angesichts des sich unaufhaltsam näher wälzenden Verderbens vermochte man am Münchener Hofe an den bisherigen Ansprüchen nicht länger festzuhalten. Graf Preysing stand fast allein mit seiner Ansicht,

[1]) Kesselstatts Bericht vom 4. April.
[2]) St. Germain an Seckendorff, 1. April. W. Kr. Ar.
[3]) Batthyany an Colloredo, 4. April. Kloster Osterhofen. W. St. Ar.
[4]) Batthyany an Colloredo, 30. März. W. St. Ar.

den Dingen ihren Lauf zu lassen, nachdem die Oesterreicher zuerst den Feldzug eröffnet hätten.[1]) Nur in schleunigem Frieden erblickte man nunmehr das Heil des Landes. Es kam alles darauf an, den Wiener Hof zur Annahme von Nürnberg als Verhandlungsort zu vermögen. Zu diesem Zwecke wurde die Vermittlung Kesselstatts, welche anfangs voll Misstrauen zurückgewiesen worden, jetzt mit Freuden angenommen. In dem Masse, wie die Bedrängnis des Münchener Hofes stieg, wuchs Kesselstatts Anteilnahme an dem Geschicke Bayerns. In seinem Schreiben vom 2. April,[2]) welches er auf Wunsch des Kurfürsten an Ulfeld richtete,[3]) verwandte er sich dafür, auf den Vorschlag Seckendorffs einzugehen, sowie andererseits die österreichischen Truppen von München fernzuhalten, um den geängstigten Kurfürsten nicht vollends in die Arme Chavignys zu treiben, welcher ihm schon den arglistigen Antrag gestellt hatte, sich zu seiner persönlichen Sicherheit nach Frankfurt zu begeben.[4]) In Wien erregten diese Forderungen den höchsten Unwillen; Maria Theresia glaubte jetzt klar zu erkennen, dass es dem Kurfürsten kein voller Ernst sei, dass er vielmehr nur Zeit zu gewinnen suche, bis der französische Zuzug aus Schwaben zur Stelle sei. In diesem Sinne wurde Thüngen mitgeteilt, dass Oesterreich es ablehnen müsse, seinen Bevollmächtigten nach Nürnberg zu entsenden, dagegen wurde vorgeschlagen, Fürstenberg nach Füssen zu entbieten, wohin sich auch Colloredo begeben würde.[5]) Es kennzeichnet das gute Einvernehmen zwischen den Höfen von Wien und Dresden, ein Werk des Gesandten von Saul, dass von Wien aus ein sächsischer Kurier an den Grafen Loss mit dem Befehle gesandt wurde, derselbe solle erklären, dass sein König die Hand von Bayern abziehen und er selbst sich nach Mainz begeben werde, falls nicht die Anerbietungen Oesterreichs ernstliches Entgegenkommen finden sollten.[6]

[1]) Kesselstatts Bericht vom 4. April; als Kesselstatt über diese Ansicht Preysings völlig ratlos, am nächsten Tage Praidlohn befragte, erwiederte ihm dieser; »er wüsste nicht, was der graff Preising manchmahl gedächte; derselbe habe einen schwehren Fall mit dem Pferde gethan, welcher ihm das gedächtnis sehr geschwächet.«

[2]) Mainzer Ar.

[3]) Fürstenberg an Kesselstatt, 1. April. Mainzer Ar.

[4]) In Augsburg ging damals das Gerücht, dass der Kurfürst am 8. April eine »Spazierreise« nach Schloss Lichtenberg am rechten Lechufer gemacht habe. Dollberg an Colloredo, 9. April.

[5]) Ulfeldt an Kesselstatt, 5. April. Mainzer Ar. Denselben Vorschlag hatte Colloredo dem Fürstenberg am 2. April gemacht (W. St. Ar.) an welchen er sich direkt gewendet hatte, da Kesselstatt seine ersten Briefe nicht erwiedert hatte und auch, wie er in seinem Bericht vom 6. April der Königin mitteilte, das Vertrauen des Hofes nicht mehr zu besitzen schien.

[6]) Erthal an Kesselstatt, 5. April. Mainzer Ar.

Doch es hätte dieser Mahnung nicht mehr bedurft. Der
Münchener Hof war abermals zum Frieden entschlossen, freilich
lebte er noch in dem gefährlichen Irrtume, »dass«, wie Fürstenberg sich ausdrückte, »wann man den Hanauer Tractat zum
fundament legte, das werck bald geschehen seyn würde.«[1] Schon
am 6. April konnte dem Grafen Colloredo mitgeteilt werden, dass
der Kurfürst mit der Wahl von Füssen einverstanden sei, am
9. werde sich Fürstenberg nach Augsburg begeben um dort
weitere Vorschläge anzuhören.[2] Sollte wider Erwarten eine
Einigung zwischen den beiden Unterhändlern nicht erzielt werden
können, so war, wie Praidlohn am 30. dem mainzischen Hofrat
von Vorster eröffnet hatte, der Kurfürst fest entschlossen, die
Mediation völlig in die Hand von Köln und Mainz zu übergeben.[3]
Auch hiermit wäre Colloredo zufrieden gewesen, dagegen wusste
der Wiener Hof dem Vorschlage Kur-Kölns, den Friedenskongress
sofort in Bonn zu eröffnen, geschickt auszuweichen.[4] Unterdessen
hatten noch in letzter Stunde die auswärtigen Gesandten versucht, den Kurfürsten zur Standhaftigkeit zu überreden; am
7. April eröffnete Klinggräffen dem Grafen Preysing,[5] dass von
preussisch-österreichischen Verhandlungen, von denen Seckendorff
neue Kunde haben wollte,[6] keine Rede sei; den mainzischen
Gesandten bestürmte Chavigny, seinen Kurfürsten zum Abschluss
eines Traktats mit Frankreich zu veranlassen.[7] War es doch
schon längst kein Geheimnis mehr, dass Verhandlungen zwischen
den beiden Höfen im Gange seien. Auch im Reiche wusste man
davon zu erzählen; die Gerüchte, dass der Friede schon geschlossen
sei oder doch unmittelbar bevorstehe, wollten nicht mehr ver-
stummen.[8]

Am 10. April brach Colloredo nach der Grenze auf; in dem
tiroler Grenzstädtchen Reutte machte er Halt, da ihn die Nachricht beunruhigte, dass noch eben in der Nähe von Füssen feindliche Truppen, sowie ein bayerischer Parteigänger gesehen worden

[1] Kesselstatts Bericht vom 4. April. Ebd.
[2] Fürstenberg an Colloredo, 6. April. W. St. Ar.
[3] Ebenda.
[4] Reskript an Colloredo vom 6. April. W. St. Ar.
[5] Kesselstatts Bericht vom 8. April. Mainzer Ar.
[6] Seckendorff an Praidlohn, 3. April. M. St. Ar.
[7] Kesselstatts Berichte vom 4. und 8. April. Mainzer Ar.
[8] Raab an Preysing vom 23. März. B. Geh. St. Ar. »Seith gestern ist die
hiessige Stadt mit der Zeitung voll, dass nunmehro der fride zwischen Sr. Churfürstl. Durchl. Unserem gnädigsten Herren und dem wienerischen hoff würcklich
geschlossen und hergestellet seyn, wessentwegen auch heute verschiedene gesandte,
benantlich der Chur-Trierische und Chur-Köllnische zu mir geschickt und mich
befragen lassen, ob und wass mir etwa davon bekant seyn mögte . . . « Aehnlich
ein zweites undatiertes Schreiben des Raab an Preysing. Ebd.

seien. Er teilte dies Fürstenberg unverzüglich mit und stellte ihm zugleich einen Pass zur Verfügung, falls er gewillt sei, sich lieber zu ihm zu begeben.[1]) Sein wieder rege gewordener Argwohn liess ihn von den Verhandlungen nur wenig Erfolg erhoffen.[2]) Fürstenberg beeilte sich, ihn zu beruhigen. Den 11. April abends 11 Uhr in Füssen angelangt, hatte er Colloredos Schreiben vorgefunden, und er benachrichtigte ihn nun, dass in der Stadt und Umgegend alles durchaus sicher sei. Die feindlichen Truppen, von denen das Gerücht erzählt hatte, verwandelten sich in eine Abteilung harmloser schwäbischer Kreistruppen, der gefürchtete Parteigänger in einen kurbayerischen Beamten, der sich mit des Bischofs von Augsburg Erlaubnis in Amtsgeschäften in der Nähe der Stadt aufgehalten hatte.[3]) Am Morgen des 12. April empfing Colloredo diese hocherfreuliche Kunde, wenige Stunden später, nachmittags um 2 Uhr traf er in Füssen ein, wo er von dem Privatsekretär des Fürsten, Hofrat Brandtner 'empfangen wurde.[4])

In dem am südlichen Stadtteil gelegenen umfangreichen Schlosse, recht am Fusse der Alpen sollte fern von dem Kriegslärm der kämpfenden Heere, nur wenig berührt von dem Intriguenspiele der Höfe das bedeutsame Werk heranreifen, welches dem Bayernlande um den hohen Preis der Aufgabe aller hochfliegenden Pläne den ersehnten Frieden gebracht hat.

[1]) Colloredo an Fürstenberg, 10. April. W. St. Ar.
[2]) Colloredo an Starhemberg, 11. April. Ebd.
[3]) Fürstenberg an Colloredo, 12. April. Ebd.
[4]) Colloredo ad Reginam, 13. April. Ebd.

IV. Kapitel.

Die Verhandlungen in Füssen und der Abschluss des Friedens.

ACH wochenlangem Verhandeln, nach zahlreichen Ver-
mittelungsversuchen und Friedensprojekten waren endlich die beiden Höfe soweit gelangt, an neutraler Stätte
durch je einen Vertreter ihre Sache selbst zu führen.
Freilich boten die hierzu erwählten Männer wenig Garantie für
eine so schleunige Erledigung, wie sie im Interesse der beiden
Mächte liegen musste. Zumal hat sich der schwere Missgriff
Bayerns bitter gerächt, gerade Fürstenberg zum Verfechter seiner
Ansprüche ausgewählt zu haben, der doch zu dieser Aufgabe in
keiner Weise geeignet war.

Schwach und nachgiebig, ohne auch nur die bescheidensten
Anlagen zum Diplomaten, ja sogar ohne Verständnis für seine
Aufgabe, war er schon an und für sich die ungeeignetste Persönlichkeit für eine selbständige diplomatische Vertretung seines
Landes. Zudem fehlte es ihm nicht nur an Befähigung, sondern
fast mehr noch an Hingabe und Pflichttreue. Sein persönlicher
Vorteil, die Wiedererlangung der böhmischen Güter, die er durch
seine Gemahlin besass, durch den Krieg aber verloren hatte,[1]
war das eigentlich treibende Element seiner Handlungen;[2] nur
von diesem Gesichtspunkte aus verstehen wir seine klägliche
Haltung und die Leichtfertigkeit, mit welcher er die Verhandlungen bis zum Schlusse geführt hat.

---

[1] Er war der Gatte der Gräfin Maria Anna von Waldstein, »deren Güter
nach der Wiedereroberung Böhmens durch die österreichischen Truppen mit Be-
schlag belegt worden waren.« Arneth B. III, S. 21.

[2] Fürstenberg teilte Colloredo sofort nach dessen Ankunft in Füssen mit,
dass er, falls die Verhandlungen sich zerschlügen, unverzüglich sich nach seinen
schwäbischen Gütern begeben würde, um seine Lebenszeit dort zuzubringen. Collo
redo bemerkt hierzu: »Ich lasse dahin gestellet seyn, ob nicht diese Erklärung
abziele, damit er fürst bey der Handlung sich nicht ereignetem Schluss wegen
seiner Gemahlin bey Ew. Königl. Mayestät anzuflehen die Thüre offenbehalte.«
Colloredo ad Reginam, 13. April. W. St. Ar.

Wir vermögen daher keinen bemerkenswerten Unterschied zu konstatieren zwischen seiner Handlungsweise und der des Grafen Seckendorff, welcher unter der Maske des ehrlichen Maklers freilich noch in ganz anderer Weise sich durch die Aussicht auf persönliche Vorteile leiten liess. Im Herzen stets so gut österreichisch gesinnt, als es sich mit seinem augenblicklichen Vorteile vertrug, hat Seckendorff für Bayerns Geschick nie warm empfunden. Das beweist uns seine verdächtige Kriegführung in den Jahren 1743 und 44, das beweist uns mehr noch sein Verhalten nach Kaiser Karls Tod, als er Bayerns Dienste verliess, weil er von dem armen Kurfürsten nichts zu erhoffen hatte.

Nur der Gedanke, von Oesterreich jetzt oder später dafür belohnt zu werden, bewog ihn, seine reichen diplomatischen Talente im Dienste des Friedens zu verwenden. Mit all seinen trefflichen Anlagen ist er demnach im Grunde nichts anderes, als ein vaterlandsloser Abenteurer, der wie nur je einer, dem Grundsatze folgte, stets dem Herrn zu dienen, der ihm den reichlichsten Lohn verheissen konnte.

Nicht umsonst hatte er gerade Fürstenberg als Unterhändler vorgeschlagen; kannte er doch dessen Unfähigkeit und Schwäche, Eigenschaften, welche ihn völlig in seine Hand geben mussten. Mit der untrüglichen Sicherheit der naiven Volksseele traf der Bayer das Wahre, wenn er argwöhnte, dass bei diesem Friedensschlusse nicht alles richtig gewesen sei; bald wurde laut und offen Seckendorff als Verräter an der vaterländischen Sache gebrandmarkt. Es ist dann für dessen Ruf von entscheidender Bedeutung gewesen, dass er sich durch den Frieden den grössten Mann des Jahrhunderts zum unversöhnlichen Gegner gemacht hat. Wenig später nämlich sprach Friedrich II. in seiner »Histoire de mon temps« zuerst aus, dass Seckendorff als Lohn seines Verrats 300 000 Gulden erhalten habe. Bis auf den heutigen Tag ist die Ansicht von einem Verrat Seckendorffs vielfach geglaubt, das Gegenteil jedenfalls nie erwiesen worden. Arneth hat darauf aufmerksam gemacht, dass sich für eine Bestechung des Grafen »nicht die leiseste Andeutung« finden lasse; wir können noch weiter gehen und mit Bestimmtheit versichern, dass eine Bestechung nicht stattgefunden hat. Die Beweise hierfür werden in dem weiteren Verlaufe der Darstellung an der Hand der Dokumente des Wiener Archivs erbracht werden.

Allerdings ist dieselbe nicht deshalb unterblieben, weil Seckendorff hierfür unzugänglich gewesen wäre, — im Gegenteil begegnen wir mehrfachen diesbezüglichen Anerbietungen von seiner Seite — sondern weil Maria Theresia es nicht für nötig hielt, hierfür Ausgaben zu machen, weil sie glaubte, ohnedies ihr Ziel zu erreichen, und es für genügend erachtete, den Grafen durch Versprechungen zu gewinnen. In der That reichten diese hin, um ihn an das österreichische Interesse zu fesseln.

Bemerken wir noch, dass der Privatsekretär Fürstenbergs, Hofrat von Brandtner, ein Mensch war, dem sogar jede geschäftliche Kenntnis mangelte, so ist alles gesagt, was sich über die Männer anführen lässt, denen sich der Münchener Hof selbst mit gebundenen Händen überliefert hatte.[1]

Einem Fürstenberg und Brandtner war der Konferenzminister, Graf Rudolf von Colloredo, freilich noch weitaus überlegen. Ohne schöpferische Gedanken besass er doch wenigstens hinlängliche Geschäftskenntnis und, was die Hauptsache war, er hatte eine ausführliche Instruktion erhalten, welche ihm Maria Theresia als unabänderliche Richtschnur und Grundlage seines Handelns stets gegenwärtig zu halten wusste.

Es bezeugt den Eifer der beiden Unterhändler, dass noch am Tage der Ankunft Colloredos die geschäftlichen Beziehungen zwischen ihnen eröffnet wurden. An der ersten Unterredung nahm Seckendorff nicht teil, er hatte sich begnügt, sich vor derselben dem österreichischen Gesandten vorzustellen und denselben seiner »patriotischen Gesinnung« zu versichern.[2]

Schon die Eröffnung der Verhandlungen war erschwert, da Colloredo die beiden Vollmachten Fürstenbergs, welche ihm dieser nacheinander vorlegte, nicht anerkennen konnte. In der einen derselben nämlich war dem Kurfürsten der Titel als Erzherzog von Oesterreich beigelegt, während die zweite zwar allgemein nur vom Münchener Hofe sprach, jedoch eine Stelle enthielt, in welcher von dem verstorbenen »Kaiser Karl VII.« die Rede war. Schliesslich einigte man sich dahin, trotzdem in die Verhandlungen einzutreten, jedoch sollte Fürstenberg für eine neue Vollmacht Sorge tragen.

Bei der nunmehr beginnenden Besprechung[3] war es für Colloredo eine beunruhigende Wahrnehmung, dass dem Fürsten die Aussöhnungspunkte gar nicht bekannt waren, welche jener, wie er gehofft, »pro norma instructionis« von Kesselstatt erhalten hätte. Daher händigte Colloredo dem Fürsten eine Abschrift aus und begann dieselbe mit ihm durchzusprechen. Die ersten Punkte, welche geringfügige Zugeständnisse enthielten, wurden von Fürstenberg ohne Debatte angenommen. Als man jedoch

---

[1] Colloredo ad Reginam, 13. April. Arneth III, S. 401.
[2] Ebenda.
[3] Ueber den ersten Tag der Verhandlungen siehe das Protokoll vom 12. April W. St. Ar., sowie Colloredos Bericht und sein Schreiben an Starhemberg vom 13. April. Ebd.

6

zu Artikel VI und VII gelangte, welche die Anerkennung der böhmischen und Zusicherung der eigenen Wahlstimme enthielten, erklärte dieser, hierüber in keiner Weise instruiert zu sein. Aber gerade diese beiden Punkte verfocht der österreichische Vertreter aufs Entschiedenste. Eine Einigung konnte zunächst nicht erzielt werden, doch versprach der Fürst, hierüber noch die Befehle seines Kurfürsten einzuholen, zumal nachdem Colloredo erklärt hatte, dass Art. VI als conditio sine qua non anzusehen sei, Art. VII als Gefälligkeit des Kurfürsten erwartet werde. So blieben diese beiden Forderungen, sowie auch der IX. Artikel, betreffend die Stellung von Hilfstruppen gegen Preussen oder Frankreich, vor der Hand noch unerledigt, eine gefährliche Klippe, an welcher die Verhandlungen leicht scheitern konnten.

Darauf begann Fürstenberg an der Hand seiner Instruktion die Wünsche seines Hofes vorzutragen. Dabei wurde der von ihm nur angedeutete Gedanke an eine Landabtretung von Seiten Oesterreichs a priori zurückgewiesen; Colloredo erklärte, den Befehl zu haben, die Unterhandlungen unverzüglich abzubrechen, falls dieser Punkt aufrecht erhalten würde; zudem sei derselbe auch durch den zweiten Artikel des Warschauer Traktates ausgeschlossen.[1]) Dagegen wurde der schon so oft besprochene Plan einer Vergrösserung Bayerns auf Kosten Preussens des weiteren ausgeführt. Dieselbe sollte in Sulzbach und Neuburg bestehen, und für Abtretung dieser Länder sollte Kur-Pfalz in dem preussischen Mark und Geldern entschädigt werden. Colloredo sprach die sichere Erwartung seiner Königin aus, der Kurfürst werde an seiner eigenen Vergrösserung werkthätigen Anteil nehmen, indem er seine Truppen gegen Friedrich II. marschieren lasse, denn, wie er sich ausdrückte, es sei »natürlich, dass wann das Churhaus einen nutzen haben wollte, solchen sich zu verschaffen mit helffen müste.« Zudem hatte man in Wien gehört, dass der Münchener Hof viel eher gegen Preussen als gegen Frankreich Truppen stellen werde.[2]) Da Colloredo den Grafen Seckendorff als heimlichen Anhänger Preussens beargwöhnte, wurde ausgemacht, diese Frage »usque ad executionem« offen zu lassen und geheim zu halten, doch sollten im Falle des Zustandekommens einer solchen Konvention Köln, Pfalz und die Seemächte davon Mitteilung erhalten.

---

[1]) In diesem verpflichtete sich Sachsen nochmals zur Anerkennung der pragmatischen Sanktion, erneuerte also das Defensivbündnis und »garantirt sothane Erbfolgeordnung auf gantz gleiche arth und weise, als sie in besagtem zweyten articul des Tractats vom 16. Julii 1733 ausbedungen.« W. St. Ar.

[2]) Kesselstatts Bericht vom 11. April. Mainzer Ar

Nicht einmal der Punkt über die von den Seemächten aus-
zuwirkenden Subsidien wurde zu Fürstenbergs Zufriedenheit erledigt. Denn als er versuchte, die ganze Verhandlung hierüber auf den Hanauer Traktat zu verweisen, musste er sich
mit der Erklärung zufrieden geben, dass dem Wiener Hofe von
einem solchen überhaupt nichts bekannt sei,[1] und dass ausserdem die Verfassung in England ein Eingehen auf mehrjährige
Subsidien verbiete, dieselben vielmehr alle Jahre durch das Par-
lament von neuem bewilligt werden müssten.

Nicht viel mehr Erfolg hatte Fürstenberg mit dem Antrage
auf Entschädigung für den Verlust der italienischen Fürstentümer
Concordia und Mirandola, auf welche Bayern seit Maximilian I.
gewisse Rechte beanspruchte.[2] Colloredo erwiederte, auf diesen

---

[1] Es mag dies befremdlich erscheinen, doch wird uns durch die Aussage
des venetianischen Gesandten Niccolo Erizzo bestätigt, dass der Wiener Hof bis
zur Veröffentlichung des Zirkular-Reskriptes von den Hanauer Verhandlungen
nichts gewusst hat. Derselbe berichtet am 3. April: »Mi viene aggiunto di piu,
che nel Rescritto medesimo sii fatta menzione d'un maneggio corto in vita dell
Imperatore suo Padre con l'Inghilterra, quando Milord Carteret era alla direzione
degli affari di quella Corona, e que questo sii riuscito intieramente nuovo à questa
Corte, che non aveva sin ad ora avuto alcun sentore di tal negoziazione.« W. St. Ar.
Da nun die Veröffentlichung des Reskriptes am 19. März stattgefunden, Colloredo
aber schon am 17. in Innsbruck war, so ist anzunehmen, dass er von den Hanauer
Verhandlungen ebenso wie von dem Zirkular-Reskripte überhaupt keine Kunde
erhalten hatte. In den Reskripten des Wiener Hofes an ihn, finden wir desselben
nirgends Erwähnung gethan.

[2] Dem Kurfürsten Maximilian I. war die Anwartschaft auf diese beiden
Länder zugesprochen worden, einmal wegen seiner Verdienste um das Erzhaus,
dann noch wegen der auf mehr als fünf Millionen berechneten Kriegskosten.
Nun war im Jahre 1710 das Herzogtum Mirandola als erledigtes Reichslehen dem
Herzog von Modena überlassen worden. Deshalb wurde in einem besonderen
Traktate zwischen dem Wiener und Münchener Hofe festgesetzt, dass Bayern ent-
weder die beiden Länder doch noch erhalten oder anderweitig entschädigt werden
sollte. Vgl. Extrakt aus dem Amitié Traktat von 1722. B. Geh. St. Ar. Wenige
Jahre später, als Bayern und Kur-Köln die pragmatische Sanktion am 1. Sept. 1726
garantierten, wurde im elften Paragraphen des Traktates das Versprechen einer
Entschädigung von Seiten des Erzhauses erneuert. Daselbst hiess es: »Wegen des
Herzogthums Mirandola und der Markgrafschaft Concordia, welche beede auf Ihre
churfürstl. Durchl. in Bayren krafft einer von weyl. Kaysers Ferdinand glorr.
Gedächtnis der verstorbenen Churfürstl. Durchl. Maximilian dem Ersten ertheilten
Expectanz bey derer Erledigung fallen thun, ist verglichen und verabredet worden,
dass weilen heut zu Tag der casus aperturae noch nit existire, auch in dem
utrechtischen Evacuations Tractat's, welcher hienach durch den Baadischen so wohl,
als den zu Wienn mit Spanien geschlossenen frieden confirmiret worden, versehen,
dass in Italien alles in statu quo verbleiben solle; wann der Casus mortis naturalis
et exspectantiae sich ergibet, Ihre Kayserliche May. dem Chur-Hauss, falls auch
diese wegen überlassung der Trouppen geschlossene allianz sich geendiget, entweder
mit Mirandola oder Concordia selbst oder aber in anderen gleichen Ländereyen
oder endlichen in Geld eine aequivalente Satisfaction geben und verschaffen werden.«
B. Geh. St. Ar.

Punkt wegen Unkenntnis des Sachverhaltes nicht eingehen zu können, versprach jedoch, sich Instruktionen hierüber einzuholen; ebenso erklärte er sich mit Entschiedenheit gegen eine General-Amnestie für alle verbannten böhmischen und österreichischen Unterthanen »in ihren ehren, gütern und ämbtern.« Aber gerade auf diese Forderung legte Fürstenberg Wert, da sie ihn persönlich berührte. Colloredo beeilte sich, ihn bezüglich seiner eigenen Ansprüche zu beruhigen. In seinem Bericht schrieb er hierüber: »Er (Fürstenberg) machte anbey erwehnung von seiner gemahlin. Vorüber ich ihm ohne anstand von Ew. Königl. Mayestät grossmuth, wann auch mit all übrigen nichts zustande kommete, versicherte. Indeme einen unterschied zu machen gar leicht fiele, weilen er sich in diesen so heylsahmen werck als commissarius gebrauchen lassen.« Zusicherungen dieser Art waren das geeignetste Mittel, des Fürsten Anteilnahme an dem Zustandekommen des Friedens zu erhöhen.

Es kam dann auch noch die Rede auf die von den Oesterreichern zumal in den Festungen so zahlreich eroberten Geschütze, deren Rückgabe Colloredo zugestand; doch machte er diese Zusage dadurch illusorisch, dass er sie an die Bedingung knüpfte, jene habe erst dann zu erfolgen, wenn die bei Freiburgs Einnahme vorgefundene österreichische Artillerie von den Franzosen ausgeliefert wäre.

Dass diess geschehen würde, war umsoweniger zu erwarten, da andererseits Colloredo verlangte, dass alle bayerischen Auxiliartruppen das Land »a die Signaturae« zu räumen hätten. Dagegen wollte sich die Königin verpflichten, ihre Truppen »a die ratificationis« aus dem platten Lande zurückzuziehen.

Aber auch dieses wohl selbstverständliche Zugeständnis sollte Bayern teuer erkaufen. Denn wenn Colloredo die fernere Bedingung stellte, Ingolstadt bis zum Friedensschlusse mit Frankreich, und Braunau und Schärding nebst der Langue de Terre[1]) so lange besetzt zu halten, bis Oesterreich seine Vorlande zurückerobert habe, so bedeutete dies bei der Wichtigkeit jener drei festen Plätze, zumal der die Donau beherrschenden Festung Ingolstadt, doch nichts anderes, als eine Auslieferung des gesammten Landes an das siegreiche Oesterreich.

Und doch glaubte Maria Theresia gerade von diesen Bedingungen nicht abgehen zu dürfen. Nach so langen Kriegsjahren und schweren Opfern wollte sie volle Sicherheit, dass die Bestimmungen eines etwaigen Friedens auch wirklich zur Ausführung gelangten. Daher keine Räumung der drei Festungen anders als

---

[1]) Der unter dem Namen das »Innviertel« bekannte Landstrich.

im Zusammenhange mit dem successiven Vollzuge der übrigen Forderungen; Ingolstadt zumal sollte ihr das Unterpfand des Friedens sein.

Auch in anderer Beziehung zeugte gerade diese Bedingung von ausserordentlicher Härte, da durch den Verlust der Langue de Terre das verarmte Bayern auch noch der Einkünfte dieses reichen Landstriches verlustig gehen sollte. Fürstenberg war aufs tiefste betroffen; er kannte die Stimmung am Hofe und wusste, welche hochfliegenden Pläne und Aussichten hier noch vor wenigen Wochen allen Ernstes als ausführbar erwogen worden waren. Dennoch versprach er von den Bedingungen des Wiener Hofes den Kurfürsten in Kenntnis zu setzen, und von diesem weitere Entscheidungen zu erwarten. Schon jetzt freilich mochte er sich gestehen, dass wenig Hoffnung vorhanden sei, die Verhandlungen zu Gunsten Bayerns zu lenken. Mit Berufung auf seine Instruktion, gestützt auf den siegreichen Fortgang der österreichischen Waffen, hatte Colloredo noch in keinem Punkte nachgegeben. Als der Fürst noch zuletzt davon sprach, die Pfalz und Hessen in einen eventuellen Vergleich mit hineinzuziehen, wollte er auch hiervon nichts hören. Wenn diese Fürsten, so sagte er, den ehrlichen Frieden unter Lossagung von Frankreich und Preussen wünschten, dann sollten sie hierüber mit den an ihren Höfen befindlichen österreichischen Gesandten unterhandeln.

So schloss abends 11 Uhr die erste Unterredung; obwohl resultatlos, hatte sie doch die österreichischen Forderungen mit erschreckender Klarheit geoffenbart. Noch wenige Tage zuvor riet Seckendorff zum Frieden, »si même on ne peut l'avoir que sur le pied de Hanau«;[1]) jetzt hatte es sich gezeigt, dass von der Erreichung dieser Bestimmungen keine Rede sein konnte, und so vielfach auch Fürstenberg noch in den späteren Verhandlungen von einer Vergrösserung Bayerns redete, auf die Hanauer Forderungen ist er nicht mehr zurückgekommen. Auch Seckendorff musste durch die weitgehenden Anforderungen anfangs betroffen sein; jedenfalls aber hat er sich dadurch in seinen Absichten nicht umstimmen lassen. Sofort sandte er nach München, um für Fürstenberg die Erlaubnis einzuholen, auch ohne Rückfrage abschliessen zu dürfen. Nur dem energischen Widerspruche Preysings sogar der Kaiserin gegenüber ist es zu danken, dass ein derartig unheilvoller Beschluss nicht gefasst wurde und damit dem Hofe ein gewisser Einfluss auf den Gang der Verhandlungen gewahrt blieb.

---

[1]) Seckendorff an Praidlohn, 10. April. M. St. Ar.

Allein auch Colloredo war von dem Ausgange dieser Besprechung durchaus nicht befriedigt. Wie er erkennen musste, hatten weder Kesselstatt, noch auch Droste, von dessen Wirksamkeit sich Graf Cobenzl so viel versprochen hatte,[1] im Interesse des Friedens vorgearbeitet. Fürstenbergs Ungewandtheit und diplomatische Schwerfälligkeit bestärkten ihn in dem Gedanken, dass der Münchener Hof eine ernsthafte Aussöhnung nicht wünsche,[2] sondern nur Zeit gewinnen wolle, um die französischen Hilfstruppen aus Schwaben heranzuziehen. Und doch war diese Besorgnis durchaus unnötig. Denn schon waren jene zum grossen Teil zu Maillebois gestossen, von dem Rest wurde der Aufbruch an den Rhein tagtäglich erwartet.[3]

Maillebois selbst hatte noch immer nicht gewagt, entscheidende Operationen einzuleiten, sondern war zufrieden, die rheinischen Kurfürsten durch seine Nähe zu schrecken.

Und während dort kostbare Zeit verloren ging, war in Bayern der Feldzug nahezu verloren. Hier hatte Batthyany fast nirgends mehr seit dem Tage von Vilshofen ernsten Widerstand gefunden. Am 5. war Rasttag bei Hiltzhofen gewesen; am 7. erfolgte der Vormarsch gegen Dingelfingen, welches die Besatzung »Hals über Kopf« verlassen hatte.[4]

In der That, die Bayern, früher so oft die Kerntruppe der deutschen Heere, waren in diesen Tagen kaum wieder zu erkennen. Furcht war es gewiss nicht, was ihren Arm so völlig lähmte. Doch das Unglück der letzten Jahre, die Ungunst des harten Winters, endlich der Mangel an Waffen und dem notdürftigsten Kriegsgerät hatten die physische und moralische Kraft, den tapferen Sinn des Bayernheeres so gut wie gänzlich gebrochen. Nie wohl hat sich ihr kriegerischer Geist weniger bewährt; nie freilich auch haben sie schwächlicher geführt einen tüchtigeren Gegner bekämpfen müssen. Und um nichts besser waren die Kriegsvölker der Verbündeten. Mit Recht konnte daher Friedrich einen Feldzug »schmachvoll« nennen,[5] der so bald in wilde, planlose Flucht ausartete.

Am 7. befand sich Batthyany in Dingolfing, wo die von den abziehenden Bayern verbrannte Isarbrücke wieder hergestellt

---

[1] Colloredo an Starhemberg, 13. April. W. St. Ar.
[2] Colloredos Bericht vom 13. April. Ebd.
[3] Ueber die Operationen der Heere am Main und Mittelrhein, vgl. »Ereignisse beim Heere des Herzog von Ahremberg 1745. Oesterr. milit. Zeitschr. 1826. I.
[4] Batthyany an Colloredo, 10. April, Landshut. M. St. Ar.
[5] Friedrich an Klinggräffen, 14. April: »Il est honteux qu'un corps d'armée d'Autrichiens qui compose à peine 20000 hommes, puisse faire tous ces progrès là contre des troupes supérieures en nombre . . « Polit. Korresp. IV, S. 118.

wurde; hier sammelte sich sein Heer zum Vormarsch gegen Landshut, wo ernster Widerstand erwartet werden musste. Doch nicht einmal versucht wurde die Verteidigung dieses festen Platzes; mit den darin befindlichen höchst ansehnlichen Magazinen fiel er den Gegnern in die Hände. Erst hinter der Amper machten die Bayern wieder Halt und bezogen hier ein festes Lager, offenbar um zum Schutze der aufs höchste bedrohten Hauptstadt doch noch einen entscheidenden Kampf zu wagen. Als aber General Trips mit dem Vortrupp in kühnem Angriffe die das Lager wie ein Aussenwerk deckende Stellung bei Isareck gestürmt hatte, wobei der Rest des hessischen Baumbachischen Regimentes in seine Hände fiel, und dann unterstützt durch Bernclau und Palffy die Kanonade auf das Lager eröffnete, war für die Bayern auch hier kein Halten mehr.[1]) Die Zahl der Deserteure mehrte sich in erschreckender Weise und zumal die Hessen wollten nicht länger für eine Sache kämpfen, in deren nutzlosen Verteidigung sie schon drei ihrer besten Regimenter durch Gefangenschaft verloren hatten.

In München wuchs mit dem Nahen des Gegners die allgemeine Bestürzung. Es war ein schwacher Trost, aber vom menschlichen Standpunkt aus gewiss erklärlich, dass man sich die betäubenden Niederlagen nicht anders glaubte erklären zu können, als indem den Hessen die Schuld daran beigemessen wurde, deren Gesandter sich schliesslich zur Einreichung eines Promemoria genötigt sah.[2]) Wohl tauchte hin und wieder der Gedanke an eine letzte Schlacht auf, wurde jedoch ebenso schnell wieder verworfen.

So konnte sich Max Joseph in seiner Hauptstadt nicht länger sicher fühlen. Schon am Abend des 11. fand eine Konferenz statt, in welcher er sich jedoch, bewogen durch einen eben erlangten kriegerischen Erfolg[3]), noch einmal zum Bleiben entschloss; doch schon am Morgen des nächsten Tages wurde dieser Plan vornehmlich auf dringendes Anraten Chavignys und des

[1]) Ueber den Verlauf dieser Kämpfe siehe das Extrablatt Batthyanys vom 14. April. W. St. Ar. In einem Kriegsrate, welcher am 9. April, Nachmittags 4 Uhr stattfand, war einstimmig beschlossen worden, das Lager zu räumen, da es »höchstnöthig« sei, sich zurückzuziehen. S. Protokoll im Grfl. Törr. H. Ar.

[2]) Kesselstatts Bericht, 12. April. Mainzer Ar.

[3]) In der Nacht vom 11.—12. waren 400 österreichische Gefangene in München eingebracht worden. Kesselstatts Bericht, 12. April. Mainzer Ar. Vgl. Würdinger, S. 88; nach dessen Darstellung hat dieses siegreiche Gefecht allerdings erst am Morgen des 12. stattgefunden. Kesselstatt selbst war über die Nachricht von der eventuellen Abreise des Kurfürsten zunächst so entsetzt, dass er drohte, wenn es wirklich dahin käme, seine Abschiedsaudienz nachsuchen zu müssen. Kesselstatt an Praidlohn, 12. April. B. Geh. St. Ar.

Herzogs Clemens von Zweibrücken wiederum geändert.[1]) Am Abend des 14. kurz nach 11 Uhr verliess der junge Fürst seine trauernde Hauptstadt,[2]) um sich nach Augsburg zu flüchten. Im Schlosse Lichtenberg traf er nachts mit Seckendorff zusammen, welcher aus Füssen herbeigeeilt war und ihm nunmehr über die daselbst stattgehabte Unterredung referierte.[3]) Die Kaiserin-Witwe blieb in München zurück, nachdem Kesselstatt Batthyany um Schonung für sie gebeten hatte, ein Wunsch, welchem der ritterliche Ungar bereitwillig entsprach.[4]) Am Vormittage des 15. langte der Kurfürst in Augsburg an und nahm in dem Fugger-Wellenburgischen Hause Quartier; die Gesandten der fremden Höfe waren ihm teilweise schon vorausgeeilt. Noch am selben Tage wurde das letzte feldtüchtige Heer der Alliierten zersprengt und damit das Schicksal des Feldzuges entschieden.

Nach der derben Schlappe von Isareck hatten sich die Bayern über Freising gegen München zurückgezogen; am 13. folgte ihnen Batthyany mit der Gesamtmacht. Die Zersprengung der Bayern war binnen wenigen Tagen mit Sicherheit vorauszusehen. Da nötigten die Bewegungen des französischen Generals Ségur, den österreichischen Feldherrn sich nach dieser Seite hin zu wenden. Während seit ein paar Wochen schon die Bayern und Hessen in völlig aussichtslosem Kampfe mit den Oesterreichern gerungen hatten, waren die Franzosen thatenlos nahe der Feste Ingolstadt geblieben, indem sie auch diesmal wie allezeit sich »durch die Teutschen bedecken und diese auf die gefährlichsten Posten exponieret«[5]) liessen. Erst die Kunde von den Niederlagen schreckte sie auf, ein kühner Ausfall des Generals von Roth,[6]) des energischen Verteidigers von Ingolstadt, brachte einer von Geisenfeld sich zurückziehenden Truppe eine empfindliche Schlappe bei. Dennoch begann Ségur bei Pfaffenhofen seine Truppen zu sammeln, um dann zusammen mit den von Neuburg her zu ihm gestossenen Pfälzern unter General Zastrow[7]) mit Bayern und Hessen sich zu vereinigen. In Isareck erhielt Batthyany diese überraschende Kunde. Sofort war sein Entschluss gefasst, dem gefährlichen Plane zuvorzukommen. Während er die Bayern

---

[1]) Kesselstatts Bericht, 12. April.

[2]) Colloredos Bericht, 20. April. W. St. Ar.

[3]) Dollberg an Colloredo, 15. April. W. St. Ar.

[4]) Kesselstatt an Batthyany, 13. April. Batthyany an Kesselstatt, 14. April. W. St. Ar.

[5]) Ulfeldt an Colloredo, 31. März. W. St. Ar.

[6]) Derselbe, welcher sich schon Anfang 1741 als unerschrockener Verteidiger von Neisse bekannt gemacht hatte.

[7]) Ulfeldt an Colloredo, 14. April. W. St. Ar.

durch detachierte Abteilungen beschäftigte, schwenkte er selbst rechts ab und warf sich am 15. auf die Franzosen und Pfälzer. Diese, gegen 9000 Mann stark,[1]) wurden auf den Höhen von Pfaffenhofen von dem Vortrupp kühn angegriffen, von Stellung zu Stellung geworfen, bis in die Nacht hinein nachdrücklich verfolgt. Die Verluste der Besiegten betrugen gegen 2000 Mann, unter den Verwundeten befand sich auch General Zastrow; die Sieger zählten 6 Tote und 28 Verwundete,[2]) bezeichnende Zahlen für den kläglichen Widerstand ihrer Gegner. So erfüllte sich Bayerns Geschick, wie es Friedrich schon längst befürchtet hatte.[3]) In voller Auflösung eilten die Trümmer der geschlagenen Armee dem Lechflusse zu.

Und während hier die Oesterreicher so entscheidende Erfolge erkämpften, sammelte sich in den Tiroler Bergen ein neues Kriegsunwetter, um sich mit vernichtender Gewalt über Oberbayern zu entladen. 3000 Kroaten, die wildesten Kriegsvölker, über welche Oesterreich gebot, waren hier allmählich vereinigt worden.[4]) Am 13. hatte der österreichische Kommissär, Graf Rudolph Chotek Innsbruck verlassen und sich nach Kufstein begeben, um hier mit Feldmarschall-Lieutenant Freiherrn von Stentsch die Vorbereitungen für den Angriff zu treffen. Sie kamen schliesslich dahin überein, längs des Inn vorzubrechen, dann das verlassene Reichenhall zu besetzen und die dort befindlichen höchst wertvollen Salzvorräte abzuführen.[5]) Deren Besitz sollte dem Wiener Hofe eine neue Waffe in die Hand geben, seine Forderungen zu erzwingen.

Zunächst freilich hatten diese Erfolge der Oesterreicher nur die Wirkung, dass im Rate des Kurfürsten allen Ernstes erwogen wurde, ob es nicht besser wäre, auch Augsburg zu verlassen und

---

[1]) Palffy an Ulfeldt, 17. April. W. Kr. Ar. Den Befehl, sich mit den Franzosen zu vereinigen, hatte Törring am 10. und dann nochmals am 12. April dem pfälzischen General erteilt. S. auch dessen Schreiben vom 11. April an Törring, worin er den Notstand seiner Truppen beklagt. Grfl. Törr. II. Ar. Etwas anders wird der Verlauf des Treffens bei Würdinger, S. 89 ff. geschildert. Vgl. Oesterr.-Militär. Zeitschrift 1822, Teil 1.

[2]) Extrablatt vom 21. April. W. St. Ar.

[3]) Eichel an Podewils, 27. März. Polit. Korresp. B. IV., S. 83 und Eichel an Podewils, 29. März. S. 95.

[4]) Feldmarschall-Lieutenant Freiherr v. Stentsch hatte schon 1742 von Tirol aus den gleichen Einfall nach Oberbayern gemacht und Reichenhall genommen. S. Arneth, B. II, S. 22 und 93.

[5]) Fürstenberg an Praidlohn, 13. März. M. St. Ar. Seckendorff an Praidlohn, 13. März. Ebd. Letzterer befürchtete sogar, dass die Kroaten über Tölz gegen München selbst vorrücken würden. Vgl. auch Taxis an Colloredo, 15. April. W. St. Ar. Battbyany hatte den Plan, von Tirol aus Reichenhall wegzunehmen, wieder angeregt. S. Colloredo an Ulfeldt, 9. April. W. St. Ar.

Frankfurt oder Mannheim aufzusuchen. Auch in der Stadt selbst war das Gerücht verbreitet, dass der Kurfürst sich nur auf der Durchreise nach Mannheim aufhalte.[1]) Gelang es dem Zureden Chavignys seine Absicht zu erreichen, so war Max Joseph, wie sein Vater, der französischen Politik gänzlich verfallen. Da ward die Sache durch Seckendorff entschieden, welcher damals Füssen schon wieder verlassen und wie wir gesehen, am 15. mit dem Kurfürsten in Lichtenberg zusammengetroffen war. Am Tage vor seiner Abreise, am 13. April hatte er noch eine Unterredung mit Colloredo gehabt, um von diesem wenigstens noch einige Zugeständnisse zu erlangen. So beschwor er den Oesterreicher, die Einkünfte der Langue de Terre dem Münchener Hofe nicht zu entziehen; wie er schon vorher »bey dem Teuffel betheuret, dass in Bayern kein Ducaten zu haben seye«,[2]) so liess er jetzt erkennen, dass »derley Begehren ihme mehr Schmertzen als alles anderes verursacheten«.[3]) Hierbei trat er zum zweitenmale mit seinen Privatforderungen ans Licht, indem er erwähnte, dass er noch eine Schuld von 24000 Gulden für sein früheres Regiment zu fordern habe, »ohne weiteres zu expliciren was es seye, und hat solches in gröster Dunkelheit geredet«. Colloredo begnügte sich, ihm ausweichend zu antworten, »dass Sr. Mayestät Grossmuth bey glücklich ausschlagender aussöhnung gewiss keine Schranken hätten«.[4])

Erkannte Colloredo hieraus, dass der bisher so beargwöhnte Seckendorff bei richtiger Behandlung der Sache Oesterreichs noch von unermesslichem Nutzen sein könne, so erwachte doch sein Misstrauen von neuem, als sich Seckendorff plötzlich für Preussen verwandte, indem er unvermittelt die Frage aufwarf, ob es nicht möglich wäre, »wenn Preussen sein votum Ihro Königl. Hoheit gebete, und sich wider Frankreich mit anwendete, den Bresslauer Tractat subsistiren zu machen«.

Diese »saubere Idee« Seckendorffs rechtfertigt den Verdacht Maria Theresia's, dass er darnach strebe, Preussen bei einem österreichisch-bayerischen Abkommen so weit als möglich zu schonen.[5])

Ob übrigens seine Forderung zu Recht bestand, vermögen wir nicht mehr nachzuweisen; es dürfte schwer sein, darüber heute noch volle Klarheit zu erlangen; aber selbst wenn wir annehmen, dass er zu diesen Geldansprüchen berechtigt war, so wird dadurch seine Schuld kaum eine geringere. Wir sehen

---

[1]) Dollberg an Colloredo, 15. April. W. St. Ar.
[2]) Colloredo an Ulfeldt, 13. April. Ebd.
[3]) Colloredo an Ulfeldt, 15. April. Ebd.
[4]) Ebenda.
[5]) Reskript an Colloredo, 22. April. Ebd. Vgl. S. 97, Anm. 2.

hierin ein deutliches Anerbieten, für dieses Geld der österreichischen Politik seine wertvollen Dienste zu verkaufen. Colloredos schlau ausweichende Antwort war daher umsomehr geeignet, Seckendorffs Eifer auf die Spitze zu treiben, um jeden Argwohn der Königin zu zerstreuen und sie sich selbst zu verpflichten. Konnte er doch hoffen, die Geschicke Bayerns nach seinem Belieben zu lenken, jetzt, wo die beiden Parteien am Hofe sich aufs erbittertste befehdeten und die Zügel der Herrschaft am Boden schleiften. Am 14. verliess er Füssen, nachdem er noch vorher Colloredo versprochen hatte, dass er sich unverzüglich nach Augsburg begeben und »dem Braidlohn und übrigen Vertrauten die höll gewiss heiss machen wolte.«[1])

Uebrigens hatten sowohl er wie Fürstenberg schon von Füssen aus die Stimmung des Hofes für den Frieden bearbeitet. In mehreren Schreiben, in denen sie nach München die niederschmetternde Mitteilung von Colloredos Ansprüchen machten, beeilten sich beide, zu versichern, dass es nicht möglich sein werde, bessere Bedingungen zu erlangen.[2]) Fürstenberg vergass dabei nicht, sich auf die Zustimmung Seckendorffs bei seinen Handlungen zu berufen.[3]) Es ist begreiflich, dass diese Nachrichten den Hof fast noch härter trafen als die Niederlage von Pfaffenhofen. Auch die dem Frieden geneigtesten Minister sprachen von der Unmöglichkeit, einen derartigen Vergleich einzugehen. Sofort wurde von Praidlohn an den Fürsten ein Schreiben gerichtet,[4]) das die ganze Erbitterung des Hofes widerspiegelte. Bei allen Friedensverhandlungen, so schreibt er, hat man doch Vorschläge zu machen, und Gegenvorschläge anzuhören, doch hier würden nur Vorschriften diktiert: ein herber, aber wohlverdienter Tadel für den bayerischen Unterhändler. Nimmer, so hiess es weiter, hätte man in München geglaubt, dass man dem Lande würde einen solchen Vertrag aufdringen wollen und am wenigsten, dass dies von »Christlichen so nahe anverwandten geschehen köndte. Die Verdienste des Churhauses hätten eine andere Belohnung anhoffen gemacht«.

In der Not ward wieder einmal die Hilfe der fremden

[1]) Colloredo an Ulfeldt, 16. April. W. St. Ar.
[2]) Seckendorff an Praidlohn, 13. April. M. St. Ar. »... folglich ich keinen Ausweg sehe, als entweder diese harte conditiones anzunehmen, und auf bessere Zeiten zu warten, oder sofort mit Allen und Höchsten Angehörigen die Lande Vielleicht auf viele Jahre zu verlassen und nach dem Exempel dero Grossherrn Vatters in Frankreich Sich aufzuhalten und alldorten mit demjenigen zu begnügen, was man zum Unterhalt jährlich herzugeben resolviren würde.« Aehnlich äussert sich Fürstenberg an Praidlohn (M. St. Ar.) in zwei Schreiben vom 13. April.
[3]) Ebenda.
[4]) Praidlohn an Fürstenberg, 15. April. M. St. Ar.

Gesandten angerufen. Droste, der sich am Hofe weitgehenden Vertrauens erfreute, wurde zu einer Unterredung mit der Kaiserin entboten. Das Resultat derselben war die Entsendung eines Kammerherrn nach Bonn, um daselbst die Meinung des Kölner Kurfürsten einzuholen, »ob und wie weith auff solche puncta im fried eingegangen werden könne«.[1]) Noch am selben Tage, dem 15. folgten Droste und Loss dem vorausgeeilten Kurfürsten nach Augsburg, wo, wie wir wissen, Seckendorff schon erschienen war, um seinen unheilvollen Einfluss auf Max Joseph fernerhin geltend zu machen. Wir können wohl sagen, dass in diesen Tagen vom 15.—18. April über Bayerns Geschick entschieden wurde. Nachdem der junge Kurfürst erst einmal den Entschluss gefunden, das Land seiner Väter zu verlassen, schien mancher seiner Ratgeber entschlossen, die äussersten Konsequenzen dieses Schrittes zu ziehen, den Kampf auch ausserhalb von Bayerns Grenzen fortzuführen.

Die Folgen eines derartigen Schrittes sind mit Sicherheit zwar nach keiner Richtung hin zu übersehen. Aber daran wird wohl kaum jemand zweifeln können, dass Bayern von dem Augenblicke an gerettet gewesen wäre, in welchem Friedrich den Krieg im grossen Style eröffnete. Jene Reihe glänzender Siege, welche dieser dann in schneller Aufeinanderfolge an den Hängen der schlesischen Berge bei Striegau, Soor, Grosshennersdorf erkämpfte, würden aller Voraussicht nach auch das Bayernland von der feindlichen Ueberschwemmung wieder befreit haben. Aber selbst wenn dies nicht eingetreten wäre, schlimmer als sie zur Stunde war, konnte Max Josephs Lage in keinem Falle werden. Ohne Geld und Kredit, ohne Land und ohne Leute, war er nie ohnmächtiger als jetzt den Ansprüchen Oesterreichs preisgegeben. Der von Maria Theresia und mehr noch von Bartenstein so lange aufrecht erhaltene Gedanke, Bayern dem Hause Wittelsbach zu entreissen und zu Oesterreich zu schlagen, wäre wohl immer unausführbar gewesen; Friedrich zumal würde sein letztes daran gesetzt haben, die Verwirklichung dieses Projektes zu verhindern; ein Deutschland ohne Bayern war damals ebenso unmöglich wie heutzutage.

Doch diese Ueberzeugung mochten nur wenige am Hofe besitzen; die meisten befürchteten, des Landes Bestand könne durch ferneren Widerstand gefährdet werden. Zudem befand sich Törring draussen im Felde,[2]) Chavignys Einfluss war gesunken, Praidlohns kriegerische Aufwallung schon wieder verflogen, so stand Preysing mit der zähen Entschlossenheit des Nationalbayern

---

vereinsamt in dem Gedanken, den Kampf um die Existenz einem schmachvollen Frieden vorzuziehen. Ihm gegenüber erhob sich geschlossen die Partei der böhmischen Exulanten, jener Männer, welche mehr für sich, als für das Land fürchteten, das ihnen kein Vaterland war. Ihrem Drängen, sowie Seckendorffs Verschlagenheit und Ueberredungskunst war Preysings schlichter und offener Sinn freilich nicht gewachsen. Auch kamen Seckendorff gerade jetzt, wo die Entscheidung bevorstand, mancherlei Umstände zu Hilfe, um des jungen Fürsten Standhaftigkeit zu brechen. Der Anblick, den die Trümmer seines Heeres auf der Flucht bei Augsburg vorüber den Augen des jungen Herrschers darboten, war geeignet, auch stärkere Nerven zu erschüttern. Vor den 600 Reitern des Oberst-Lieutenant Fürst Lobkowitz waren die Reste der Bayern bis in die Nähe von Augsburg gescheucht worden;[1] erst hier unter den Kanonen und festen Mauern der alten Reichsstadt durften sie sich sicher fühlen. Der Anblick dieser Truppen, welche in völliger Auflösung oft »ohne Gewehr und ohne Offiziere«[2] Tag und Nacht vor Augsburgs Thoren erschienen, lehrte den Kurfürsten besser als alle Berichte die Unmöglichkeit, mit solchen Männern das Feld gegen den sieggewohnten, jetzt auch an Zahl überlegenen Gegner zu halten. Auch bei den Franzosen war seit dem Tage von Pfaffenhofen der letzte Widerstand gebrochen. Bei Rain suchten sie sich wohl noch einmal zur Wehr zu setzen; doch General Trips jagte sie weiter; mit Aufgabe aller Magazine flüchteten sie nach Donauwörth, das der Kommandant General Langeron den Einlass bittenden Hessen und Bayern verschlossen hielt.[3] Aber auch hier glaubten sie sich vor den ungarischen Reitern nicht sicher und zogen sich schliesslich bis Lauingen zurück. 500 Kranke und Verwundete überliessen sie der Gnade des Siegers. Nicht einmal so viel Zeit fanden die Flüchtlinge, um die Lechbrücke abzubrechen; bis Günzburg konnten daher die österreichischen Husaren streifen, ohne Widerstand zu finden. Das unrühmliche Ende war, dass die Franzosen auch aus Donauwörth und Wembdingen ihre Besatzungen zogen, die Donau überschritten und sich am 26. mit Putange bei Cannstatt am Neckar vereinigten.

So waren auf dem rechten Lechufer nur noch die Hessen zurückgeblieben, welche bei Friedberg und Lechhausen Halt gemacht und ihre Neutralitätserklärung erneuert hatten. Es war natürlich, dass angesichts dieser Lage die Bedingungen Colloredos

[1] Batthyany an Colloredo, 20. April. W. St. Ar.
[2] Dollberg an Colloredo, 16. April. Ebd.
[3] Dollberg an Colloredo, 17. April. Ebd.

viel von ihrer Härte verloren; auch machte Seckendorff Hoffnung, wenigstens in einigen Punkten auf Nachgiebigkeit rechnen zu dürfen. Zu diesem Zwecke richtete er an Colloredo ein Schreiben, worin er seine sichere Erwartung auf das Zustandekommen eines Vergleiches aussprach, falls nur bezüglich der Besetzungen Ingolstadts und der Langue de Terre dem Kurfürsten nachgegeben würde.[1]) Zu gelegener Stunde kam dieses Schreiben am Abend des 16. in Füssen an.

Hier hatte unterdessen zwischen Fürstenberg und Colloredo am selben Tage eine zweite Unterredung stattgefunden, in welcher der Fürst das Schreiben Praidlohns vom 15. übergeben hatte. Den Eindruck, den dasselbe auf diesen machte, war der denkbar ungünstigste. Während er noch kurz vorher dem Fürsten das wenig ehrende Zeugnis gegeben hatte, »dass er nicht verbergen kan, sein Verlangen zu zeigen, dass die Versöhnung richtig gestellet würde«,[2]) wuchs jetzt sein Misstrauen wieder, zumal er nicht glauben wollte, dass die Aussöhnungspunkte nicht schon vorher durch Kesselstatt dem Münchener Hofe bekannt gegeben worden wären.[3]) Um Fürstenberg noch nachgiebiger zu machen, erklärte

---

[1]) Colloredos Bericht vom 20. April. W. St. Ar.
[2]) Colloredo an Starhemberg, 15. April. Ebd.
[3]) Um sich hierüber Gewissheit zu verschaffen schrieb er am 16. an Kesselstatt selbst: »da nun die Ew. Exc. von Mainz aus mitgegebene aussöhnungs puncta zum Grund legen wolte, habe mit Verwunderung vernohmen, dass ihme fürste selbe nicht Bekannt wären, dahero notwendig ihme von seinem Hof verhalten worden; Mit noch mehrerer Verwunderung aber ja mit Bestürtzung habe in Rückantwort erhalten, dass diese puncten unchristlich seyen. Ew. Exc. gedencken ohn Partheyisch und Betrachten, ob die anerbiethung der erkenntniss eines Caysers, die zurückgebung des Landes u. s. w. gegen renuntiation auf nichtige Ansprüche u. s. w. unchristlich genennet werden können.« (Mainzer Ar.). Aehnlich äussert er sich in seinem Schreiben an Ulfeldt, 18. April. W. St. Ar. »In was mich aber nicht finden kann, ist, dass man auch in München behauptet, man hätte von denen aussöhnungs-punkten nichts gehöret; oder Kesselstatt hatte das Hertz nicht etwas zu reden, oder Drost und Loss haben zu viel versprochen. Kesselstatt kombt erst morgen nach Augsburg; mithin eine neue Prob ist, dass er sich der sach nicht mit ernst annehmet, oder kein Vertrauen besitzet.«

Dafür, dass Kesselstatt die Aussöhnungspunkte dem Münchener Hofe vorgelegt habe, glaubte Colloredo sichere Beweise in Händen zu haben. In seinem Bericht sagt er hierüber: » . . . ich erinnerte mich aber in ein von E. M. mir mildest mitgeteiltem intercepto des Kesselstatt an Erthal gelesen zu haben, dass die nembliche von mir in Vorschlag gebrachte Aussöhnungspuncten dem Baierischen ministerio mitgeteilt worden. Besehe dahero meine Befehle und bediente anmit dem Fürsten, dass mir die Proben in die Hände gegeben worden, dass Kesselstatt den 10. Martii dem Preising und eadem die abends dem Praidlohn solche gezeiget. Praidlohn aber diese durch einen anderen wecg vor 14 Tagen gesehen zu haben dem Kesselstatt erwiedrigte.« W. St. Ar. Dieses aufgefangene Schreiben Kesselstatts an Erthal habe ich im W. St. Ar. nicht gefunden. Dafür verwahrt das Mainzer Ar. einen Bericht Kesselstatts vom 13. April an seinen Kurfürsten, welcher die von Colloredo angeführten Thatsachen gleichfalls enthält. Hieraus erfahren

er, die Unterhandlungen, deren Zwecklosigkeit er eingesehen habe, abbrechen und seine Reise nach Mainz fortsetzen zu wollen.[1]) Es war das geeignetste Mittel, um den Fürsten vollends einzuschüchtern. Anstatt, wie Praidlohn in seinem Schreiben ihm dringend angeraten, selbst Vorschläge zu machen und mit Sicherheit aufzutreten, da ja »Baiern von seinen Alliirten noch alles Beistandes gesichert wäre«, suchte er das Verhalten des Hofes bei Colloredo nur immer zu entschuldigen, indem er die herrschende Verwirrung als Ursache der Verzögerung angab. Der österreichische Gesandte durfte mit ihm zufrieden sein; während er sich zu Seckendorff noch immer kein Herz fassen konnte, gestand er von Fürstenberg in seinem Berichte vom 20. April: »er hoffete von mehreren effect, wann sein des fürsten personale

---

wir, dass der »andere Weg«, durch den Praidlohn die Aussöhnungspunkte erfahren haben soll, der Freiherr von Raab gewesen sei, welcher sie von Bamberg mitgebracht haben soll. Diese Darstellung Kesselstatts ist vollständig unrichtig. Eine Unterredung seinerseits mit Preysing und Praidlohn am 10. März mag stattgefunden haben, doch kann es sich hierbei nur um jene Bedingungen gehandelt haben, welche Seckendorff seinem jungen Neffen nach Wien mündlich mitgegeben und ausführlicher am 4. März als »ohnvorgreiffliche Gedanken« dem Münchener Hofe übersandt hatte. Diese waren es, welche Ulfeldt am 5. März allerdings im Sinne des Wiener Hofes umgeändert dem Kesselstatt zur Kenntnis brachte. (S. Beil. VI zu Ulfeldts Schreiben an K. Mainzer Ar.) Mit dieser Annahme stimmt auch der Brief vom 15. März an Praidlohn (M. St. Ar.) überein, worin er seinem Erstaunen darüber Ausdruck gab, dass Kesselstatt von den direkten Beziehungen zwischen Wien und München Kunde erhalten habe. (Vgl. S. 53 f. Anm. 5). Zudem lässt sich die angebliche Aeusserung Praidlohns, dass die vom Mainzer Kurfürsten dem Freiherrn v. Kesselstatt mitgegebenen geheimen Punkte schon vor 14 Tagen von Würzburg durch Raab nach München gebracht worden seien, mit den Thatsachen in keiner Weise vereinigen. Denn einmal ist Raab, wie oben ausgeführt, im Februar gar nicht in Bamberg gewesen, sodann ist es doch unwahrscheinlich, dass der Bischof die Wiener Vorschläge selbst gekannt hat. Denn wer hätte sie ihm mitteilen sollen? Der Wiener Hof gewiss nicht, welcher sein Misstrauen gegen des Fürsten Vermittlung so offen zeigte. Mainz unterhielt mit Bamberg keine erkennbaren Beziehungen und handelte ausserdem durchaus in österreichischem Interesse; Kur-Köln dagegen, welches am ehesten in Betracht kommt, lernte die Aussöhnungspunkte selbst erst am 7. März kennen; die Seemächte jedenfalls nur wenig früher. Also bleibt keine andere Erklärung, als dass Kesselstatt sich in seinem Bericht nach Mainz und dem von Colloredo zitierten Briefe an Erthal einer bewussten Unwahrheit schuldig gemacht; aus den schon einmal erwähnten Gründen hatte er die Mitteilung der ihm mitgegebenen Vorschläge nicht gewagt, konnte dies aber, wie begreiflich, nicht eingestehen, ebensowenig wie er Colloredos Anfragen über diesen Punkt erwiedert hat. Zudem gestattet das ganze Verhalten des Münchener Hofes gar keinen Zweifel darüber, dass die Wiener Vorschläge bis zum 12. April, an welchem Tage sie Colloredo dem Fürsten von Fürstenberg vorlegte, völlig unbekannt gewesen waren. Diese Erkenntnis ist Colloredo schliesslich nicht verborgen geblieben. So finden wir in seinem Bericht an die Königin vom 25. April die Stelle: »Es steifet mich dieses alles, dass Kesselstatt nimmermehr in extenso die aussöhnungspuncten gegeben hat, und solte er es sogar seinem Churfürsten geschrieben haben, so zweiffle an dem facto.«

[1]) Colloredos Bericht vom 20. April. W. St. Ar.

etwas mehreres als das gute gemüth besitzet.« Schliesslich versprach er dem Fürsten noch einen Tag in Füssen verweilen zu wollen.[1]) Dass es ihm mit seiner Drohung nicht Ernst gewesen, war von jenem nicht erkannt worden. Noch am Abend kam Seckendorffs Brief, darin sowohl, wie in einem Schreiben Preysings wurde Fürstenberg auf nähere Befehle vertröstet, weil Praidlohn sich zur Zeit noch in München befand. In zwei weiteren Briefen vom Nachmittage des 16. riet er nochmals dringend zur Nachgiebigkeit, indem er schrieb: »der morgige tag muss decidiren, ob man den Churfürsten glücklich oder unglücklich haben will.«[2])

Das Ergebnis aller dieser Bestrebungen war eine neue Instruktion und Vollmacht, welche am Morgen des 19. nach Füssen gesendet wurde. Dieselbe bestand lediglich in einer Beantwortung der überschickten Aussöhnungspunkte.[3]) Hierbei war auf jede Landabtretung völlig Verzicht geleistet; dagegen wurde verlangt: sofortige Räumung der Langue de Terre, sodann Auslieferung der drei Festungen nebst Vorräten nach der Ratifikation, Verzichtleistung von Seite Oesterreichs auf die Unterhaltungskosten für die Gefangenen, schliesslich General-Amnestie und Einsetzung der Verbannten in alle konfiszierten Güter. Auch mit Artikel VI konnte sich der Kurfürst durchaus nicht einverstanden erklären. Hiess es doch die gesamte Politik seines kaiserlichen Vaters verleugnen, wenn er jetzt als erster von den Kurfürsten vor aller Welt die böhmische Wahlstimme anerkannte. Nur im Einverständnis mit der Mehrheit der Kurfürsten wollte er sich daher hierzu bereit finden lassen.

Mit derselben Zurückhaltung äusserte sich die Instruktion über Artikel VII:

»Obschon Ihro Churfürstl. Durchl. sich Ihro May. der Königin in allen Bestrebungen gefällig zu erweisen Ihro jederzeit ein besonderes Vergnügen machen werden, so vermöchten Sie sich doch nicht gegenwärtig mit Ihrer Wahlstimme zur künfftigen Kaysers-würde für deroselben herrn Gemahls Hoheit sogleich verbündlich und anheischig zu machen, sondern müssen Ihro allerdings vorbehalten, sich mit Chur-Cöllen, Chur-Brandenburg und Chur-Pfalz in Gefolge Ihres genommenen engagements vorläuffig hierüber freundvetterlich zu vernemmen, umb einen gemein-

[1]) Fürstenberg an Praidlohn, 16. April 6 Uhr nachmittags. M. St. Ar.
[2]) Fürstenberg an Praidlohn, 16. April 4 Uhr nachmittags. Ebd.
[3]) »Sonderbahre Beantwortung und Erklärung über die Vorgetragenen sogenannten Aussöhnungspuncten.« W. St. Ar. Sie war am 18. von Preysing und den auswärtigen Gesandten entworfen und das Ergebnis einer am 17. abgehaltenen Konferenz, an der sich von Chavigny herbeigerufen, auch Törring beteiligt hatte.

sahmen Schluss zu treffen, wo dann, wann diese hohe Herren
Churfürsten obgemeltem Verlangen Beyzutretten sich nicht ent-
äusserten, oder sonsten die Majora sich ergeben sollten, dero
hohen Orths es an gehöriger Beförderung mit Ihrer Wahl Stimme
gewiss nicht ermanglen solle . . . . . «
Freilich suchte der Kurfürst diese Erklärung durch ein gleich-
zeitig an Fürstenberg gesandtes eigenhändiges Schreiben abzu-
schwächen, worin es hiess:
»Wann vielleicht Graf Colloredo in puncto voti ein anstand
hätte, so kan versichern, dass ich mit Chur Cölln eines bin, dem
Hauss Oesterreich mein votum zu geben.«
Zugleich erhielt der Fürst von Praidlohn die Mitteilung,
Klinggräffen habe gefordert, dass seinem Könige der Beitritt zu
dem Vertrage auf Grund des Breslauer Traktates zugestanden
werden solle.[1]) Seckendorff hatte sich dieses Wunsches Preussens
aufs eifrigste angenommen; noch in der Nacht vom 18. April
ersuchte er Praidlohn,[2]) den Zusatz nicht zu vergessen, um welchen
Klinggräffen ihn persönlich »nomine sui regis« ersucht hatte, wonach Friedrich II. nicht nur der Beitritt zu dem Traktate gestattet,
sondern auch der ruhige Besitz seiner Länder wie vor der Frank-

---

[1]) Praidlohn an Fürstenberg. 18. April. M. St. Ar. Mehrfach war dem
Geheimrat Klinggräffen eingeschärft worden, einen Frieden ohne Zulassung
Preussens nicht zuzugeben. Vgl. Eichel an das Departement der auswärtigen
Affairen, 4. März. Polit. Korresp. B. IV, S. 71 und Friedrich an Klinggräffen,
4. April, ebd. S. 106: » . . . si vous voyez que, nonobstant de tout ce que vous
pourriez insinuer à l'Électeur, celui-ci par des motifs de crainte se prête à des
négociations sur un accommodement avec la cour de Vienne, vous tâcherez alors
d'obtenir de l'Électeur qu'il ne fasse jamais sa paix avec la reine de Hongrie
sans mon inclusion sur le pied de la paix de Breslau, et que l'Électeur en fasse
une condition sine qua non.«

[2]) Seckendorff an Praidlohn, 18. April. M. St. Ar. Nicht zum erstenmale
hat sich hier Seckendorff dafür verwandt, Preussen den Beitritt zum Frieden offen
zu halten. So schreibt er am 25. März an Praidlohn: »Wegen Preussen bin ich
der Meynung, man solte diesen Hof nominetenus mit zum Beytritt der praeliminarien invitiren und einschliessen,« M. St. Ar.; s. ferner S. 90 der Darstellung.
Daraus scheint hervorzugehen, dass Seckendorff nicht aus »Abneigung
gegen Frankreich und Preussen« (Arneth III, S. 22) den Frieden erstrebt hat;
auch finden wir ihn während der ganzen Zeit in vertrautem Briefwechsel mit
Friedrich, welcher seine Gaben zu schätzen wusste. In seinem Schreiben an Klinggräffen, 15. Januar (Polit. Korresp. IV, S. 11) nennt dieser es »un des malheureux
coups si l'Empereur devait perdre un homme si digne, si expérimenté et si plein
de zèle pour lui.«
Für die Umtriebe Schmettau's hatte ihm der König durch seine Briefe vom
9. Dezember 1744 und 15. Januar 1745 glänzende Genugthuung verschafft. Polit.
Korresp. III und IV. Also hatte Maria Theresia nicht unrecht, wenn sie ihn in
dieser Zeit einer gewissen Parteinahme für Preussen beargwöhnte. Wie weit der
ihm von Droysen (T. V, B. II, S. 454) gemachte Vorwurf berechtigt ist, er habe
dem jungen Kurfürsten gefälschte Briefe Friedrichs II. vorgelegt, lässt sich nicht
entscheiden.

furter Union garantiert werden sollte. Mit diesen Anleitungen ausgerüstet, trat Fürstenberg mit dem österreichischen Gesandten zu der dritten offiziellen Unterredung am 19. zusammen.[1]) Colloredo, welcher, wie er selbst in seinem Berichte vom 20. April bemerkte, immer von dem Grundsatze ausging, in kleinen Forderungen nachzugeben, in grossen Fragen aber keinen Schritt zu weichen, zeigte sich nicht abgeneigt, bei Uebereinkunft in den übrigen Bedingungen zwar nicht von der Besetzung aber doch wenigstens von den Einkünften des Innviertels abzustehen; auch die Besetzung von Ingolstadt durch neutrale Reichstruppen wollte er zugestehen.[2]) Dagegen blieb er in Sachen der beiden Wahlstimmen unerbittlich. Auch der Brief des Kurfürsten, den ihm der Fürst vorlegte, änderte seinen Entschluss nicht; hier war ihm durch die Königin der Weg vorgeschrieben, von dem er sich nicht entfernen durfte.

Ebenso blieb er bei anderen wichtigen Fragen standhaft. Fürstenberg hatte versprochen, dass Bayern für 150000 Gulden monatlicher Subsidien 8000 Mann Fussvolk und 2000 Reiter »zu Schutz des gemeinsamen Vatterlandes« marschfertig halten wolle; dieselben sollten jedoch erst im Falle der Bildung einer Reichsarmee verwendet werden dürfen. Darauf erklärte Colloredo nicht eingehen zu können, da es natürlich sei, dass Subsidientruppen zu Diensten der Mächte stehen müssten, welche sie bezahlten. Dagegen wollte er, um die augenblickliche Not zu heben, der Königin den Gedanken eines auf »den Reichenhaller Salzfundum« hin von Oesterreich zu leistenden Vorschusses im Betrage von 3—400000 Gulden zur Erwägung vorlegen.

Nachdem die Konferenz beendet war, überreichte er noch am Abend dem Fürsten seine »Anmerkungen über die Beantwortung der Aussöhnungspunkte«,[3]) worin er nochmals seinen Standpunkt bezüglich der Artikel VI und VII dahin fixierte: »Des Reichs älteste grundgesetze und häuffige andere angezogene urkunden haben sattsams die gerechtigkeit der in diesem punct von Ihro May. anverlangten Erkenntnis des voti Bohemici sowohl auf wahl- als Reichs-Tagen zu erkennen gegeben. Allerhöchst dieselbe werden sich nimmermehr durch Veranlassung ihrer feinde

---

[1]) Colloredos Bericht vom 20. April und Protokoll. W. St. Ar.
[2]) Hierbei blieb allerdings die Frage offen, welcher Reichsstand dieselben stellen würde. Man dachte an den schwäbischen oder fränkischen Kreis. Schliesslich hat Ingolstadt doch zur Hälfte österreichische Besatzung erhalten, ohne dass daraus neue Verwickelungen entstanden wären. S. die Generalordre Batthyanys vom 28. April. W. St. Ar.
[3]) Enthalten im W. St. Ar.

wass Ihro vor Gott und der weldt zustehet, Verdringen lassen,
und beruhet es nur bey Ihro Churfürstl. Durchl. diessen punct
ohne reservation oder Vorbehalt simpliciter einzugestehen, dessen
man der gesicherten hoffnung lebet.« Ebenso sei jede Aenderung des Artikel VII ausgeschlossen,
da der Wiener Hof durchaus eine »werkthätige« Trennung von
Preussen und Frankreich verlangte.

Völlig unklar und ausweichend beantwortete Colloredo den
Antrag einer General-Amnestie, wie sie in Artikel XII vorgesehen
war, denn er wusste, wie sehr dieselbe der Königin zuwider war:
»Die Grossmuth Ihro Mayestät ist Bekant, mithin ist nicht zu
zweyffeln, dass auf alle billige arth in puncto amnestie wird
reflectiret werden.«

Diese Beantwortung übersandte Fürstenberg unverzüglich
nach Augsburg; er selbst beschwor Praidlohn, sich ernsthaft von
Preussen und Frankreich loszusageu;[1]) man solle sich lieber über
den alten Plan einer Vergrösserung auf Kosten Preussens erklären.[2]) Uebrigens gab er zu, dass der Verzicht auf alle Ansprüche, ferner die Anerkennung der böhmischen Wahlstimme
und Verpflichtung der eigenen für die Kaiserwahl wohl »3 harte
Punkte« seien, erklärte jedoch nochmals, dass ohne dieselben
eine Aussöhnung unmöglich wäre. »Ich sehe nicht,« so schliesst
er, »wie man in einem undt dem anderen die Majora verhindern
können, alsso Sehe ich nicht den Anstandt Sich durch die will-
fährigkeit ein meritum zu machen.«

Schon bevor diese Schreiben in Augsburg anlangten, war
der Sieg der Friedenspartei entschieden.[3]) Chavignys letzter
Versuch, den Kurfürsten zur Flucht nach Mannheim zu bewegen,
war gescheitert. Die auswärtigen Minister konnten sich nicht
länger über die Thatsache täuschen, dass ihr Spiel verloren sei.
Sie stritten nur noch für einen würdevollen Rückzug. Nachdem
ihnen Preysing am 18. offizielle Mitteilung von den Verhandlungen
gemacht hatte, verfassten sie einen gemeinsamen Protest, welchen
sie am 21. an Preysing übersandten: »Ainsi nous protestons tout
formellement que nous n'avons donné aucun consentement ny
explicite ny implicite aux propositions de la Cour de Vienne et

---

[1]) Fürstenberg an Praidlohn, 20. April. M. St. Ar.
[2]) Dass dies bis jetzt unterblieben, hatte schon den Argwohn Colloredos
wachgerufen, s. seinen Bericht vom 20. April, auch Fürstenberg drückt Praidlohn
gegenüber (20. April, M. St. Ar.) sein Erstaunen darüber aus, dass »wegen dem
aggrandissement, So in einem articulo separato et secreto enthalten, gar keine
Erklärung erfolget, welches die Soupcons vermehret.«
[3]) Taxis an Colloredo, 22. April. W. St. Ar.: »Questo povero Elettore
ridotto nelle angustie, Domenica à 4 ore si risolse ad accettare le dure condizioni
di pace.«

au projet de reponse de S. A. S. É. de Bavière n'étant nullement autorisés à cet effet.« Unterschrieben war das Schriftstück von Chavigny, Klinggräffen, Fürstenberg (dem pfälzischen Gesandten) und del Bene.[1]) So nahte das Schauspiel seinem Ende.

Bevor noch die Diplomaten den Abschluss ermöglichten, hatte sich die Stimmung der Soldaten vernehmlich genug für den Frieden ausgesprochen. Max Joseph musste selbst Zeuge sein, wie seine Bayern nicht minder als die Hessen mit den Oesterreichern von Lager zu Lager freundschaftlich verkehrten; dabei kam es vor, dass sie vereint mit diesen Maria Theresia hoch leben liessen und schwuren, nicht länger an der Seite Frankreichs kämpfen zu wollen.[2]) Man freute sich im bayerischen Lager wohl gar der Eile, mit welcher die letzten französischen Nachzügler an Augsburg vorüberflüchteten. Am 19. mussten dieselben an 100 Wagen aus Mangel an Vorgespann verbrennen.[3]) Freilich waren auch die Bayern selbst aufs äusserste erschöpft. Ein Angriff Batthyanys auf ihre ruhebedürftigen Ueberreste musste notwendig zur Katastrophe führen. Um dieser zu entgehen, quartierten sie sich, noch 8000 Mann stark, auf eigene Faust in dem etwa zwei Meilen westlich der Stadt gelegenen bischöflich-augsburgischen Flecken Zusmarshausen ein, um hier den Friedensschluss abzuwarten.[4]) Auch Max Joseph war auf ihre Rettung bedacht. Als Kesselstatt am 19. in Augsburg ankam, — in München hatte er den Legationsrat von Vorster als Vertreter zurückgelassen —, wurde er sofort zum Zwecke einer Audienz zum Kurfürsten befohlen. Derselbe bat ihn, sich bei Batthyany für Gewährung eines Waffenstillstandes zu verwenden. »Ich muss sagen,« so schrieb hierüber der Mainzer an Colloredo,[5]) »dass der Herr so vertraulich gegen mich hinausgegangen, dass man ihn recht lieb haben muss.«

Schon am 18. hatten Droste und Loss in gleichem Sinne an den General geschrieben,[6]) ebenso auch Seckendorff, der ihm

---

[1]) Original im M. St. Ar.
[2]) Dollberg an Colloredo, 20. April. W. St. Ar.
[3]) Kesselstatts Bericht vom 20. April. Mainzer Ar.
[4]) Dollberg an Colloredo, 23. April. W. St. Ar. Erst am 25. brachen sie von dort wieder nach Bayern auf. Dollberg an Colloredo, 25. April. Ebd. Den kläglichen Zustand dieser Truppe kennzeichnet uns ein Schreiben des Obersten Gattermann, Kommandeur des Regiments Truchsess an Törring; Zusmarshausen den 23. April; in welchem dieser dringend um neue Bekleidung für seine Leute bittet, »zumahlen die alten Soldaten ohnaussetzlich um ihre montirung lamentiren, auch solche, so zusagen, nur ihre Blösse zu bedecken, höchst nöthig haben. Grfl. Törr. H. Ar.
[5]) Kesselstatt an Colloredo, 19. April. W. St. Ar.
[6]) W. St. Ar.

versicherte, dass der Friede so gut wie geschlossen sei.[1] Dennoch lehnte dieser jeden Waffenstillstand entschieden ab, versprach jedoch in zwei- bis dreimal 24 Stunden die Bayern nicht anzugreifen;[2] dies gestand er nochmals auf Kesselstatts Verwendung zu, indem er die Hoffnung aussprach, dass dann der Friede geschlossen sein werde.[3] An Generalfeldwachtmeister Graf Thürheim, welcher bei Friedberg befehligte, liess er von seinem Hauptquartier in Pöttmes sofort den Befehl ergehen, sich ruhig zu verhalten und die kroatischen Vorposten von den Lechbrücken zurückzuziehen.[4] Bayerischerseits ward Oberst von Fechenbach am 20. April an Batthyany gesandt, mit der Mitteilung, dass auch Törring den Befehl erhalten habe, alle Feindseligkeiten abzubrechen.

Die letzten Schwierigkeiten räumte wiederum Seckendorff aus dem Wege. Mit des Kurfürsten Erlaubnis war er am 19. nach Füssen zurückgeeilt, wo ihn Colloredo voll Sehnsucht erwartete, da ihn Fürstenbergs Schwerfälligkeit immer wieder am Zustandekommen des Friedens verzweifeln liess.[5] In der Unterredung,[6] welche am folgenden Tage stattfand, beteuerte Seckendorff nochmals seine gute Absicht sowie sein Streben, »den jungen Churfürsten auf den wahren weeg zu führen und die ruhe in Teutschland herzustellen.«

Colloredo verlas nun die einzelnen Artikel; Seckendorff erhob nur selten Einspruch und auch dann nur in unwichtigen Fragen. So wurden bei dem vielbesprochenen VI. Artikel die Worte »per majora« ausgelassen, »um keiner Critique anlass zu geben.«

Den Artikel VII wollte Seckendorff zu einem geheimen machen, offenbar auch hier nur aus Furcht vor Preussen; doch ging Colloredo nicht darauf ein, da, wie er meinte, erst die Veröffentlichung desselben die wahre Trennung Bayerns von seinen Verbündeten bekundete. Schliesslich einigte man sich, ihn als Separatartikel aufzustellen.

Bei dem IX. Artikel, welcher die Besatzung von Ingolstadt behandelte, schlug Seckendorff vor, dieselbe halb aus bayerischen und halb aus königlichen Truppen zu bilden, da neutrale Kreistruppen nur schwer aufzutreiben sein würden.

---

[1] Seckendorff an Batthyany, undatiert. W. St. Ar.
[2] Batthyany an Ulfeldt, 19. April. Ebd. Colloredo an Ulfeldt, 21. April. Ebd.
[3] Kesselstatt an Batthyany, 19. April. W. St. Ar. Batthyany an Kesselstatt, 20. April. Ebd.
[4] Bernclau an Kesselstatt, 21. April. Ebd.
[5] Colloredo an Starhemberg, 20. April. Ebd.
[6] S. über den Verlauf derselben Colloredos Bericht vom 22. April. Ebd.

Das einzige Zugeständnis war schliesslich die Erlassung der Unterhaltungskosten für die Gefangenen, wie sie im X. Artikel vorgesehen war.

Schon am Mittag des 21. befand sich der Graf wieder in Augsburg;[1]) er überbrachte die Kunde, dass Fürstenberg nur noch eine richtige Vollmacht benötige, — auch die vom 18. war beanstandet worden — um das Friedenswerk zu beendigen. Wenig später langten die vom Fürsten gesandten Präliminarartikel an, zugleich mit einem Schreiben desselben,[2]) in welchem er mit der ganzen Entrüstung des ehrlichen Mannes über die Langsamkeit und das Zaudern des Hofes sich beschwerte. Wir glauben Seckendorffs Sprache zu hören, wenn wir hier lesen: »Mein wahrer Dienst-Eyffer vor dass Churfürstliche Interesse macht micht ohngescheut sagen, dass es ohnverandtwortlich seye, so langsam zu werck zu gehen, da dass wasser ins maul lauffet, undt dass man Sich exponire, die undterredung fruchtloss zu machen.« Zum Schlusse lehnte er jede Verantwortung ab, wann sich jetzt noch in letzter Stunde die Unterhandlungen zerschlagen sollten.

In der That war es hohe Zeit, dass der Vergleich zustande kam; schon fing Batthyany an, ungeduldig zu werden,[3]) schon eröffnete ein von Thürheim entsandtes Streifkorps die Feindseligkeiten wieder, indem es sich in den Besitz der Stadt Landsberg zu setzen suchte.[4]) Maria Theresia begann in Aufregung zu geraten; als sie erfuhr, dass der Münchener Hof auch des Grafen Loss Vermittlung angerufen hatte, sah sie darin einen Versuch, die Höfe von Dresden und Wien untereinander zu entzweien.[5]) Auch mit Batthyanys Kriegführung war sie nicht mehr völlig zufrieden; sie mochte glauben, dass er bei aller Schnelligkeit und Kraft der Operationen seine Siege doch nicht mit dem Nachdrucke verfolgt habe, wie er geboten war, um endlich den Frieden zu erzwingen. Daher beschloss der Wiener Hof, einen anderen General als Oberbefehlshaber nach dem Kriegsschauplatze zu entsenden. In der That hat noch am 23. zu diesem Zwecke der alte Feldmarschall Traun die Hauptstadt verlassen,[6]) seit Khevenhüllers Tod der gefeiertste Feldherr der Monarchie.

Maria Theresia hatte nicht so unrecht, immer wieder Bayerns Politik zu beargwöhnen. Nur zu wohl erkannte sie, dass bei

[1]) Praidlohn an Fürstenberg, 21. April. M. St. Ar.
[2]) Fürstenberg an Praidlohn, 21. April. M. St. Ar.
[3]) Batthyany an Kesselstatt, 22. April. W. St. Ar.
[4]) Praidlohn an Kesselstatt, 23. April.
[5]) Reskript an Colloredo, 22. April. W. St. Ar.
[6]) Erthals Bericht, 24. April. Mainzer Ar.

den verschiedenartigen Einflüssen auf den unerfahrenen Kurfürsten der Ausgang durchaus nicht mit Sicherheit abzusehen war. Zwar das es Max Joseph am guten Willen nicht fehlte, bewies er eben jetzt wieder, als er zwei Schreiben an die Königin sowie den Grossherzog richtete,[1]) in welchen er sogar versprach, sich bei Kur-Köln für Abgabe der Stimme zu Gunsten des Grossherzogs verwenden zu wollen, nur verlangte er als Gegendienst zufriedenstellende Erklärungen in der Subsidienfrage. Mit der Gewährung der notwendigsten Subsistenzmittel wollte er sich zufrieden geben und auf die weitgehenden Ansprüche seines Hauses verzichten. Diese Nachgiebigkeit erklärt sich freilich leicht genug aus dem tief empfundenen Bedürfnis nach der Ruhe des Friedens, deren Wohlthaten er noch nicht empfunden hatte; denn die wenigen Jahre, welche der Jüngling mit Bewusstsein durchlebte, waren trotz äusseren Glanzes ausschliesslich erfüllt gewesen von Krieg und Waffenlärm. So musste er mit Freuden einen Ausgleich begrüssen, der ihn wieder in seine treue Hauptstadt und in den Schooss seiner Unterthanen führte, um dort der Arbeit für die Wohlfahrt seines Landes zu leben, welche seinen Neigungen entsprach und in welcher er den besten Teil seines fürstlichen Berufes erkannt hatte.

Es ist bezeichnend wie für die Unklarheit der Verhältnisse, so für die Verzagtheit am Münchener Hofe in diesen Tagen, dass, während der Kurfürst den Forderungen Oesterreichs nachgab, aus der Mitte der fremden Vertreter sich im Interesse der bayerischen Sache laute Stimmen erhoben. Graf Loss wandte sich selbst schriftlich an den Wiener Hof und äusserte den bayerischen Ministern gegenüber, dass »wan man seinen Vorschlägen gefolget hätte, seine Churfürstliche Durchl. von Bayern keinen solchen honteusen Frieden von nöthen gehabt zu machen.«[2])

Man sieht, dass Sachsens Stellung Oesterreich gegenüber schon wieder unfreundlicher geworden war; trotz ihrer Einigkeit gegenüber Preussen herrschte noch immer zwischen ihnen eine gewisse Eifersucht bezüglich der Kaiserkrone, nach welcher Sachsen auch jetzt noch schielte;[3]) gerade hiebei jedoch musste es sich von Oesterreich überflügelt sehen.[4])

---

[1]) Enthalten im W. St. Ar.

[2]) Kesselstatts Bericht, 21. April. Mainzer Ar.

[3]) Reskript an Colloredo, 22. April. W. St. Ar.

[4]) Esterhazy berichtet am 17. April, dass der russische Gesandte Bestuscheff aus Petersburg gemessenen Befehl erhalten habe, dem Grafen Brühl mitzuteilen, dass Russland eine Bewerbung Sachsens um die Kaiserkrone nicht ruhig mit ansehen werde und dass auch Thomas Villiers mit Bestucheff hierüber ganz einig sei. W. St. Ar.

Vielleicht mochte dies der Grund sein, weshalb der Münchener Hof zur Zeit noch an der Hoffnung festhielt, die Geheimhaltung des VI. und des VII. Artikels erreichen zu können.

Am 22. erteilte der Kurfürst den Gesandten Droste und
Kesselstatt eine Audienz, worin er sie um ihre Verwendung in
diesem Punkte ersuchte und um allen Argwohn zu benehmen,
versprach, ein weiteres Handschreiben an Maria Theresia zu
erlassen. Kesselstatt stimmte ihm bereitwillig bei; er war der
Ansicht, es sei »keine libera Electio, wo man durch friedens-
Schluss und zwar als durch eine Conditio sine qua non die Vota
erzwungen hätte.«

Die Entschiedenheit, womit Kesselstatt die Angelegenheit ergriff, lässt erkennen, dass auch er die Schwere der Bedingungen
voll empfand. In seinem Schreiben an Colloredo vom 22.[1]) suchte
er, dem Wunsche Max Josephs entsprechend, die Geheimhaltung
der beiden Artikel durchzusetzen, nachdem Seckendorff und
Fürstenberg dies zu erreichen schon längst aufgegeben hatten.
Er verwies dabei diplomatisch genug darauf, dass vor allem Kur-
Sachsen, welches noch immer »den Appetit zur Kaysers Cron
nicht völlig verlohren« aufs tiefste empört sein würde, ein Wort-
bruch aber von Seiten des Münchener Hofes in keinem Falle zu
befürchten sei, da »der junge Churfürst das nobliste Gemüth hat,
so sicher von seinem gegebenen worth nicht abweichen wird,
denn dessen Grossmuth mir am besten bekannt ist.«

Zugleich gab er in einer Beilage den Text der beiden
Artikel, wie er ihn umgeändert und geheim gehalten haben
wollte.[2]) Während demnach der mainzische Gesandte mit voll-
ständiger Veränderung seines anfänglichen, von seinem Herrn ihm
anbefohlenen Standpunktes in das bayerische Lager hinüber-
schwenkte, waren in Füssen die Würfel schon gefallen.

[1]) W. St. Ar.
[2]) Dieselben sollten seinem Vorschlage entsprechend lauten:

Articulus VI[tus]

»Ihro Churf. Durchl. wollen wegen Zulassung der Chur-Boheimbischen
Wahlstim bey der bevorstehenden Kaiserwahl, wenn die mehrere vota des chur-
fürstlichen Collegii dahin einstimmen sich willig finden lassen, Und Ihres orths
diesen auch beytreten, annebens kheines weegs dargegen sein, wan von den
übrigen hohen Herren Mitchurfürsten wegen der anno 1741 beliebten quiescenz
eine vollständige Verwehrung würde zugestanden werden.

Articulus VII[timus]

Welche meinung es auch mit abgebung dero Wahlstimme zu Behuf Seiner
Königl. Hoheit der Königin May. durchlauchtigsten Gemahls und mit Regenten
hat, also, dass bey nechst verseyenten Wahltag solchen fahls Ihro Churfürstl.
Durchl. an gehöriger mitbeförderung mit Ihrer Wahlstimne nicht ermanglen werden.

Graf Seckendorff hatte mit einer Rührigkeit, welche an die besten Tage seiner diplomatischen Laufbahn erinnert, das Werk beendet. Nachdem ihm in Augsburg die gewünschte Vollmacht ausgehändigt worden, eilte er zum drittenmale nach dem Orte der Verhandlungen, wo nunmehr am 22. April die Präliminarien ohne weiteres unterzeichnet wurden.

Der Wiener Hof durfte sich rühmen, nahezu alles erreicht zu haben, was in den Aussöhnungspunkten gefordert war.[1]) Der erste Separatartikel enthielt zugleich mit der Zusicherung der kurbayerischen Wahlstimme für den Grossherzog von Toskana das Versprechen, dass sich der Kurfürst auch bei Kur-Köln und Kur-Pfalz in gleichem Sinne verwenden wolle. Dafür versprach Maria Theresia in dem zweiten Separatartikel, die Seemächte zur Gewährung hinreichender Subsidiengelder für die zu stellenden Hilfstruppen zu veranlassen. Von einer direkten Teilnahme Bayerns im Kampfe gegen Preussen oder Frankreich war in dem Vertrage keine Rede mehr. Wirklich befriedigt konnte sich Max Joseph nur von den drei ersten, sowie von dem geheimen Artikel fühlen, in welch letzterem ihm die Königin als Abschlagszahlung für die englischen Subsidien 400000 Gulden in sicheren Wechseln auf Augsburg oder Nürnberg in Aussicht stellte.[2])

Zum Schluss händigte Colloredo betreffs der Fürstentümer Mirandola und Concordia dem Fürsten eine Erklärung aus, welche ihm am Tage zuvor vom Wiener Hofe zugegangen war, und worin eine spätere Entschädigung in Aussicht gestellt war.«[3])

Fürstenberg war mit dem Erfolge seiner Thätigkeit äusserst zufrieden. »Wir haben billig ursach, gott zu loben,« schrieb er frohlockend an Praidlohn.[4])

Sofort wurde die Botschaft an Batthyany, sowie an die beteiligten Höfe von Wien und München gemeldet, wo sie auf

[1]) Vgl. Arneth, B. III, S. 23. Der Hauptvertrag findet sich bei Wenk, Codex juris gentium recentissimi, II, S. 180 ff.

[2]) S. die beiden Separatartikel, sowie den geheimen Artikel bei Aretin, Chronologisches Verzeichnis der bayerischen Staatsverträge, S. 403 ff.

[3]) Dieselbe lautete: »H. Graf Colloredo Exc. bat auf die anfrage wegen der Satisfaction auf Mirandola und Concordia mit gestern den 21. erhaltenen Courier die Verbescheidung erhalten, dass man zwar im Jahre 1726 sich verglichen, da aber damahligem die garantie der Pragmati-schen Sanction in sich begreiffenden Tractat Chur-Bayrischer seits kein genügen beschehen, so khönne dieses begehren nicht angenommen werden. Inzwischen aber erkläret des besagten grafen Colloredo Excellenz, dass, wan Sr. Königl. Hoheit zur Kayserwürden gelangen solte, selbe dem Chur-Haus Bayren die Justiz angedeihen lassen würde. 22. April.«

[4]) Fürstenberg am 22. an Praidlohn. M. St. Ar.

verschiedenartige Auffassung stiess. Der Kurfürst war zunächst durchaus zufrieden. Das Gerücht von seiner Abreise nach Mannheim erwies sich als völlig grundlos. Vielmehr hatte er die Nachricht mit Ungeduld erwartet und den Grafen Törring, der durch Preysing aus seinem Feldlager nach Augsburg gerufen war, um womöglich in letzter Stunde das Werk zu stören, derb abgewiesen.[1]) Da begab sich dieser sofort wieder in das Lager zurück und ergriff hier das letzte Mittel, um den Frieden unmöglich zu machen, indem er seine Truppen aus ihren Stellungen herausführte.[2]) Es ist ungewiss, ob er dabei von der Absicht ausging, sich mit den Franzosen zu verbünden oder die ruhenden Oesterreicher anzugreifen oder, wie er selbst an den Kurfürsten schrieb,[3]) das eigene Lager gegen Trips zu schützen, welcher den Lech überschritten haben sollte. Jedenfalls konnte der Vorfall die ernstesten Folgen nach sich ziehen. Daher war auch der Kurfürst auf das äusserste erbittert. Sofort erteilte er dem Prinzen von Hildburghausen den Befehl, sich nicht von der Stelle zu rühren, und bedeutete Törring, dass er im Falle weiteren Vorrückens kassiert werden würde. Zu der Kaiserin äusserte er sich erregt, Törring habe verdient, dass ihm der Kopf vor die Füsse gelegt werde.

Dass sich übrigens Max Joseph seinen Verbündeten gegenüber nicht ohne Schuld fühlte, beweist sein Schreiben an Friedrich, in welchem er zu seiner Entschuldigung hervorhob, wie er mehrfach darauf gedrungen habe, auch Preussen den Beitritt offen zu halten.[4])

[1]) Kesselstatts Bericht vom 22. April. Mainzer Ar. Arneth III, S. 401. Anm. 27.

[2]) Ueber diesen Vorgang berichtet Colloredo am 25. April, W. St. Ar. und Kesselstatt am 28. April. Mainzer Ar.

[3]) Zusmarshausen, 22. April. Bei Würdinger, S. 98.

[4]) In diesem Schreiben des Kurfürsten an König Friedrich heisst es: »Je ne dois non plus oublier de dire à Votre Majesté que mes premiers soins ont été d'instruire celui que J'ay envoyé pour ce traitte, d'insister vivement que Votre Majesté soit non pas seulement comprise dans ce dit traitté à pouvoir y acceder lorsqu' Elle voudra, mais aussi, que les pays, dont Elle a été en possesion avant le traitté d'union de francfort luy soient garantis, cependant, nonobstant mes plus vives instances qu'on a fait sur cela, il n'a pas été possible de porter le ministre de la Reine a y consentir s'excusant que telles choses étoient directement contre Ses instructions.« B. Geh. St. Ar.

Wüssten wir es nicht schon aus Seckendorffs Anträgen Colloredo gegenüber, sowie aus Praidlohns Schreiben vom 18. April an Fürstenberg, dass Bayern gern dem Preussenkönig den Zutritt zu dem Frieden offen gehalten hätte, so würde uns dieser Brief des jungen Kurfürsten darüber aufklären. Darnach haben also doch die »Mémoires de la reine de Hongrie« (Seeländer, S. 69) Recht, wenn sie behaupten; »die bayrischen Minister hätten zu Füssen gefordert, auch Preussen in den Frieden einzuschliessen«, und Seeländers Annahme vom Gegenteil, gestützt auf Arneth III, S. 25, ist irrig.

Wie ihr Fürst [1]), so war auch die Mehrzahl der Bayern mit dem Frieden zunächst völlig einverstanden und begrüsste ihn als den Anfang einer neuen und besseren Zeit. [2]) Aber schon jetzt erregte es doch bei manchem peinliches Aufsehen, dass gerade Preysing, der Mann, welcher von jeher als ebenso klardenkender wie massvoller Vertreter des nationalbayerischen Gedankens gegolten hatte, von einem solchen Frieden nichts wissen wollte. Noch am 22. schrieb dieser der Kaiserin, [3]) die von jeher seinem Urteile am meisten vertraut hatte, dass er jede Verantwortung von sich weise; wie Törring und General de Mortagne, welche den Dienst schon quittiert hatten, wollte auch er abdanken und den Hof meiden. »So weit gehet die Bosheit«, setzte Colloredo der Mitteilung dieser Ereignisse hinzu.

Die Stunde war nicht mehr ferne, in welcher der Friede gerade von den besten erkannt werden sollte, als das, was er in Wahrheit war, als Ergebnis teils der Unfähigkeit. teils der selbstsüchtigen Berechnung der bayerischen Vertreter.

---

[1]) Fürstenberg an Colloredo, 23. April. W. St. Ar. »j'ai trouvé L'Electeur d'un fort bonne humeur et content, je vous assure que j'admire ce jeune Prince . . . . . , Ses sujets doivent l'adorer, puis qu'il leurs donne la paix.« Damit stimmt auch der Bericht Kesselstatts in seinem »Diarium« vom 21. überein: »Nachdem ich nun diesen nachmittag Bey ihre churfürstl. Durchl wegen dieser höchst erfreulichen Botschaft meine unterthänigste gratulation abstattete, So bezeigten höchst-dieselbe ein Vollkommenes Vergnügen darüber.« Mainzer Ar. Ebenso äussert er sich in seiner Relation an seinen Kurfürsten vom 22. April und Dollberg in seinem Schreiben an Colloredo ebd. vom 26. April. W. St. Ar.

[2]) Kesselstatts Bericht vom 24. April. Mainzer Ar. »Die freud über diesen glücklichen Erfolg ist dahier und in München allgemein«, vgl. auch Errizo, vom 8. Mai 1745, bei Arneth B. III, S. 403 Anm. 40.

[3]) Kesselstatts Bericht vom 24. April. Mainzer Ar.

[4]) Colloredo an Ulfeld, 24. April. W. St. Ar.

V. Kapitel.

Die Militär-Konvention von Pöttmes und die Ratifikation von Salzburg.

SO war offiziell der Friede geschlossen, die erwünschte Ruhe und Zufriedenheit jedoch brachte er dem Lande nicht. Wohl ruhten allerorten die Waffen, doch noch standen die feindlichen Truppen in Bayern und zehrten weiter an dem Gute der besetzt gehaltenen Landschaften. Aufs äusserste wurden die Einwohner durch die Eintreibung der Contributionen geschreckt, welche vor dem 22. ausgeschrieben waren und deren Summe die ausserordentliche Höhe von zwei Millionen Gulden erreicht hatte.[1])

Manchem mochte selbst offener Kampf erträglicher dünken, als dieser halbe Friede, in welchem die Kriegsleiden fortbestanden, die Hoffnungen aber, die den Streitenden beleben, geschwunden waren. Schon regte sich hier und dort in dem allzeit so getreuen oberbayerischen Landvolk der verzweifelte Gedanke an eine völlig aussichtslose Selbshilfe, schon sehen wir in vereinzelnten Aemtern sich die bewaffneten Männer zusammenrotten, wohl gar, wie im Rentamt Traunstein geschah, kleinere österreichische Kommandos angreifen und entwaffnen.[2]) Noch sassen die Schwerter nur locker in der Scheide, der Tag von Sendling war noch von den Bayern unvergessen. Freilich dafür, dass die Oesterreicher mit dem Schein des Rechtes fernerhin das Bayernland durch Eintreiben von Contributionen und Lieferungen so schwer schädigen durften, trifft allein die bayerische Politik die Schuld. Da Fürsten-

---

[1]) Diese Summe berechnet Colloredo in seinem Bericht an die Königin vom 2. Mai (W. St. Ar.), wobei eine am 9. April ausgeschriebene Steuer in der Höhe von 1 200 000 Gulden mit eingerechnet ist. Praidlohn spricht allgemein von ∙etlichen Millionen‹, Praidlohn an Fürstenberg, 5. Mai. M. St. Ar.

[2]) Obrist-Wachtmeister Graf Draschkowitz an Colloredo, 5. Mai (M. St. Ar.) Das Kommando bestand aus 1 Offizier und 20 Mann und war zur Eintreibung von Lebensmitteln entsandt worden. Die Bauern von Marquardstein hatten es entwaffnet und zur Umkehr genötigt.

berg diese Frage bei den Unterhandlungen völlig übergangen hatte, war der österreichischen Willkür Thür und Thor geöffnet. Man muss gestehen, dass Maria Theresia dieses Versehen trefflich zum Vorteile ihrer Finanzen zu benutzen verstand. Sie that es um so unbedenklicher, da auch sie selbst mit dem Vertrage nicht völlig einverstanden war. Zumal der Artikel wegen Anwerbung der Truppen genügte ihr nicht, war es doch stets ihr Wunsch gewesen, Bayern auch zur selbständigen Stellung eines Hilfskorps gegen Preussen oder Frankreich zu nötigen. Darin, dass der Kurfürst lieber auf jede Vergrösserung verzichten, als sich die-selbe von Preussen erkämpfen wollte, fand die Königin einen neuen Grund zum Misstrauen gegen die Ehrlichkeit des Münchener Hofes.[1]

Zudem war ihr Colloredo auch in dem Punkte der Geld-unterstützung zu weit gegangen,[2] obgleich gerade hier auch der Kurfürst keineswegs völlig zufriedengestellt war. Sah er sich doch noch immer zum grossen Teile ohne Garantie auf den guten Willen der Seemächte angewiesen. Colloredo selbst war

---

[1] Arneth sagt (B. III, S. 25), dass es dem Münchener Hofe keineswegs an Lust gefehlt habe, am Kampfe gegen seinen früheren Verbündeten Preussen sich durch Beistellung von Truppen zu beteiligen. Man fragt sich vergebens, warum er es dann nicht auch gethan hat, zumal er dafür auf beträchtlichen Landerwerb hoffen durfte. Bei der Hartnäckigkeit, mit welcher der junge Kurfürst eine Land-vergrösserung erstrebte, müsste man doch annehmen, dass er mit Leidenschaft die günstige Gelegenheit ergreifen würde, Sulzbach und Neuburg für sich zu gewinnen. Da er dies jedoch unterlassen hat, können wir dafür keinen anderen Grund finden, als den, dass er eben seine Truppen nicht gegen Preussen stellen wollte und für diesen Fall sogar lieber auf jeden Gewinn verzichtete.

Nun ist aber an Max Joseph ein besonderes Interesse für Preussen nicht wahrnehmbar; demnach ist anzunehmen, dass jemand aus seiner Umgebung in diesem Sinne auf ihn eingewirkt habe, der einmal zu Preussen hinneigte, dann auch genügenden Einfluss auf den jungen Fürsten besass. Dies kann aber niemand anders gewesen sein, als Seckendorff, bei welchem, wie schon oben (S. 106) gezeigt, beide Bedingungen zutrafen. Zwar hatte Colloredo gerade deshalb diesen Artikel vor ihm geheim halten wollen, doch ist dies gewiss nicht möglich gewesen, da Secken-dorff die ganze Verhandlung geleitet hat. Dieser Ansicht hat auch Maria Theresia in ihrem Reskript an Colloredo vom 29. April (W. St. Ar.) Ausdruck gegeben: » .... umb willen er nemblichen allem, was bey Preussen anstössig seyn möchte, auff das sorgfältigste ausweichen wollte So die ursach wäre, warumben auff seinen Zuspruch man andererseits lieber von der so sehnlich anverlangten Vergrosserung abstehen, als sich in etwas einlassen wolte, was werckthätig Chur-Bayeren von Preussen trennen köndte.« Dass er später seinen Standpunkt Preussen gegenüber so völlig geändert, wird uns bei einem Manne seines Schlages nicht überraschen.

[2] Zwar laut Instruktion war dem Grafen Colloredo gestattet, dem Münchener Hofe einen Vorschuss von 400 000 Gulden als Hypothek auf die reichen Salz-vorräte anzubieten; doch da die Seemächte am 19. erklärt hatten, dass sie für die bayerischen Truppen Subsidien zahlen würden, wäre dies nicht mehr nötig gewesen. Reskript an Colloredo, 29. April. W. St. Ar.

der Ansicht, dass er das Werk viel eher hätte erledigen können, wenn er in der Lage gewesen wäre, vom Wiener Hofe Geld oder Subsidien anzutragen; in diesem Falle sei zu hoffen gewesen, die bayerischen Truppen in österreichischen Sold zu gewinnen, statt sie den Engländern zu überlassen.[1]) Aber auch jetzt noch nach Unterzeichnung der Präliminarien musste er sich von Wien aus fortwährende Warnungen und Ratschläge gefallen lassen.[2]) Seine Stimmung litt bedenklich darunter; hatte doch schon der Antrag Kesselstatts[3]) gedroht, das ganze Verdienst seiner diplomatischen Mission zu nichte machen, daher beeilte er sich, diesem zu erwiedern,[4]) dass ein Eingehen auf seine Vorschläge gänzlich ausgeschlossen sei; niemals würde Maria Theresia ohne Verzicht auf alle der pragmatischen Sanktion zuwiderlaufenden Ansprüche den Frieden geschlossen haben.

Da er dem ursprünglich so gut österreichisch gesinnten Diplomaten die Urheberschaft dieses Vorschlages nicht zutraute, nach Fürstenbergs Versicherungen aber auch der Münchner Hof an keine Aenderung der Präliminarien dachte, so nahm er an, dass die Anregung hierzu von dem Grafen Loss ausgegangen sei,[5]) der es nicht verschmerzen könne, bei den Verhandlungen so gänzlich zurückgesetzt zu sein. Wir wissen, dass nicht Graf Loss, sondern der Kurfürst selbst den Mainzer Gesandten zu diesem Schritte veranlasst hatte.

Dass derselbe irgendwelchen Erfolg haben werde, schien schon von Anfang an äusserst zweifelhaft, als jetzt ein neuer Fehler der bayerischen Politik dem Wiener Hof in unerwarteter Weise zu Hilfe kam.

Am 26. April schloss der bayerische General St. Germain mit Bernclau zu Pöttmes eine Militär-Convention,[6]) in welcher der

[1]) Siehe Colloredos Bericht vom 26. April an den Grossherzog und 2. Mai an Maria Theresia (W. St. Ar.), in letzterem hiess es an dieser Stelle: »denn Chur-Bayern wünscht alle Augenblick seine Trouppen aus seinem Brod zu haben.«

[2]) Starhemberg an Colloredo, 23. April. W. St. Ar.

[3]) Colloredo an Starhemberg, 26. April. W. St. Ar. »Bekenne aber, wenn man mir über meiner Negotiation ausstellung machen würde, Nachdem man in sach informiret seyn wird, es mich gantz kleinmüthig machen, und in das innerste Hertz betrieben muss.«

[4]) Colloredo an Kesselstatt, 23. April. W. St. Ar.

[5]) Colloredo an die Königin, 25. April. W. St. Ar. Colloredo an Batthyany, 26. April. Ebd. Colloredo an den Grossherzog, 26. April. Ebd. In dem letzteren Schreiben hiess es: »Le Prince de Fürstenberg m'assure, que le changement, qu'on a voulu faire aux articles de la voix electorale et de celle de Boheme provenoit uniquement des menées du Comte de Loos, auquel s'est joint aussi le Baron de Kesselstatt.«

[6]) Abgedruckt in Aretin: Chronologisches Verzeichnis der bayerischen Staatsverträge. 406—409.

erstere ausser einigen militärischen Bestimmungen, welche ihm
seine Instruktion vorschrieb, auch über die Abführung von Steuern
und Contributionen Erklärungen abgab, zu denen er in keiner
Weise ermächtigt war,[1]) die aber den Oesterreichern das Recht
auf alle bis zum 22. ausgeschriebenen Lieferungen einräumten.
Noch ehe die Nachricht hiervon nach Wien gelangte, war ein
Reskript an Batthyany abgegangen, in welchem Maria Theresia
ihrem Feldherrn einschneidende Massregeln anbefahl, da, wie sie
schrieb, »das Einzige, was durchaus nach hiesigem Wunsch sich
gefasst befindet (— Artikel VI und VII —) auf die unverständigste
Art modificieret und eingeschränket oder vielmehr zu Ausflüchten
der weeg geebnet werden will.«[2])

Vor allem sollten zu diesem Zwecke die grossen Salz-
vorräte in Reichenhall und Traunstein, über welche in den Präliminarien keine Bestimmungen getroffen worden, als gute Beute
in Sicherheit gebracht werden. »Wie denn auch sonsten die
Sach so anzuschicken ist, dass ohne denen Präliminarien zuwider
zu handeln, der Umtrieb und Verzug denen feindlichen Landen
zur Last und meinem aerario zur Erleichterung gereiche.« Unterdessen hatte auch schon der junge Kurfürst zu einer rettenden
Massregel gegriffen. Am 27. erliess er an seine Unterthanen den
Befehl, auf die Contributionsausschreibungen von nun an nichts
mehr »weder viel noch wenig« zu liefern. Den Tag darauf sandte
er den Grafen von Tauffkirchen ins Lager der Oesterreicher mit
dem Ersuchen an Batthyany, alle weiteren Eintreibungen ein-
zustellen.[3]) Es kann als ein Glück für Bayern betrachtet werden,
dass an der Spitze der feindlichen Truppen ein Mann wie Batthyany stand, der bei aller persönlichen Schroffheit die Härten
der damaligen Kriegführung nach Möglichkeit zu lindern suchte.
Unverzüglich erwiderte er, diesen Anforderungen nachkommen zu
wollen und alle Contributionen zu sistieren.[4]) Um das platte Land
sofort nach der Ratifikation räumen zu können, traf er schon jetzt
seine Anordnungen. Darnach sollte der in Braunau befindliche
General-Feldwachtmeister von Andlau den Befehl der als Besatzung
in Ingolstadt, Braunau und Schärding zurückbleibenden Truppen
übernehmen,[5]) der Kommandant von Landshut und Straubing
mit allen links der Isar befindlichen Truppen sich unter Wahrung
der strengsten Marschdisciplin nach Ingolstadt begeben;[6]) der

---

[1]) Seine Instruktion enthalten im M. St. Ar.
[2]) Reskript an Batthyany vom 27. April. W. St. Ar.
[3]) Kurfürst an Batthyany, 28. April.
[4]) Batthyany an Kurfürst, 29. April.
[5]) S. die »Generaloidre«. W. St. Ar.
[6]) Befehl an den Kommandanten von Straubing vom 28. April. W. St. Ar.

Befehlshaber von Reichenhall, Obristwachtmeister Graf Draschkowitz mit den zwischen Inn und Salza liegenden Abteilungen
Braunau besetzen.[1]) Diese Befehle übersandte Batthyany an Colloredo, der sie sofort nach Auswechselung der Ratifikationen
an Ort und Stelle befördern sollte. Zugleich holte er dessen Gut-
achten betreffs der Salzabfuhren ein und unterstellte den zu diesem
Geschäfte bestimmten H. v. Ingram seinen Befehlen.[2])

Wie sehr auch der Kurfürst bestrebt war, alle Welt von
der Aufrichtigkeit seines Bruches mit Bayerns politischer Ver-
gangenheit zu überzeugen, beweist sein energisches Vorgehen
gegen Törring, den er zugleich mit seiner Politik fallen liess.
Es ward ihm kurz bedeutet, dass er sich von allen Staatsangelegen-
heiten fern zu halten habe; nur sein Regiment durfte er behalten.[3])

Indessen trotz solcher friedlicher Aeusserungen dauerten
die Irrungen noch immer fort; der durch Jahrhunderte fortgesetzte
Gegensatz zwischen den beiden Häusern Habsburg und Wittelsbach war nicht mit wenigen Federstrichen der Diplomaten aus
der Welt zu schaffen.

Auch gaben die Präliminarien selbst Anlass zu neuen Diffe-
renzen. Der Kurfürst verlangte, dass die Gefangenen der Hilfstruppen, welche seit vorigem Jahre von den Oestereichern gemacht
worden, nunmehr ausgeliefert werden sollten, indem er sich hierbei
auf eine Erklärung Seckendorffs stützte, der den Artikel — es war
der X. — in diesem Sinne verstanden haben wollte. Batthyany
hatte sich an Colloredo gewandt; der ihn gleichfalls auf den Artikel

---

[1]) Befehl an Draschkowitz. W. St. Ar.

[2]) Batthyany an Colloredo, 28. April. Ebd.

[3]) Lange hatte ihn die Kaiserin gehalten, welche sich seiner angenommen,
»indem sie ein vor alle mahl darauff verbliebe, dass sie ihrem Herrn dem abge-
lebten Kayser die schand unter der erd nicht anthun könte, dass er neinblich in
dem auff gedachten graff Thörring gesetzten Vertrauen gefehlet auch sonsten nicht
recht gehabt haben solle, welches sie nimmermehr zugeben könte.« (Kesselstatts
Bericht vom 10. Mai, Mainzer Ar.) Jedoch der Kurfürst war unerbittlich; es war
ihm sehr erwünscht, als Freiherr von Droste Törrings Entfernung auf Befehl seines
Herrn verlangte (ebd.). Daher überbrachte ihm am Abend des 9. Mai der Oberst-
stallmeister Graf Max von Tattenbach den Befehl, alle in Händen habenden herr-
schaftlichen Briefstücke auszuliefern und sich selbst auf seine Güter zurückzuziehen.
Vergebens hatte der einst allmächtige Minister erklärt, er als der erste Cavalier
des Landes lasse sich so nicht behandeln; wenn er gefehlt habe, so solle man
ihm den Prozess machen. Doch Max Joseph ging hierauf nicht ein, vielmehr liess
er ihm am 12. seinen Befehl wiederholen, mit der Drohung, falls er nicht inner-
halb 24 Stunden alle Schriftstücke ausgeliefert habe, seine Güter zu konfiszieren
(Kesselstatts Bericht vom 14. Mai. Mainzer Ar.). Dagegen durfte er sein Regiment
Kürassiere behalten (Erizzos Bericht vom 15. Mai), doch seines Bleibens in München
war nicht länger; am 28. Mai hatte er dann die Stadt verlassen und sich auf seine
Güter zurückgezogen. S. Würdinger, S. 98 und Kesselstatt an Ulfeldt, 21. Mai.
Mainzer Ar.

verwies, denselben aber in seinem Sinne auslegte und erklärte, da
daselbst das Wort »Beiderseits« statt »Allerseits« gebraucht sei,
so könne es nur auf die Bayern ausgelegt werden.[1])

Bezüglich des Verhaltens gegen die noch im Felde stehenden Pfälzer, verwies er ihn auf den Wortlaut der Präliminarien,
dass von den Hilfstruppen nur zu schonen seien »die a die Sub-
scriptionis praeliminarium aus Bayern marchirende auxiliartrouppen,
nicht aber die ausser Bayern sich dazumahlen schon Befindende,
noch weniger aber die mit denen frantzosen sich conjugiret.«
Wie wir noch sehen werden, ist Batthyany hierdurch wesentlich
in seiner Haltung gegen die Pfälzer bestimmt worden. Ausserdem hatte die abweisende Aeusserung des Wiener Hofes noch
die unmittelbare Folge, dass die beiden Fürsten von Pfalz und
Hessen-Kassel noch mehr zum Frieden hinneigten; aus Augsburg hatte sich zur Uebernahme der Verhandlungen von seiten
Kurpfalz der frühere Reichshofrat Graf Bredow bereit erklärt,[2])
war jedoch mit dem Bedeuten zurückgewiesen worden, dass Freiherr v. Palm in Mainz für die Unterhandlungen bestimmt sei, welche
auf Grund der bekannten Forderungen sofort beginnen könnten.[3])

Man sieht, die Königin suchte bis zuletzt jeder Vermittlung
auszuweichen, zumal nachdem sie noch soeben schlechte Erfahrungen hierin gemacht hatte. Andererseits aber war sie zur Nach-
sicht gegen Kur-Pfalz weniger als je gestimmt, da dessen Truppen
noch in allerletzter Zeit sich mit den Franzosen vereinigt hatten.
War doch gerade die Zähigkeit, womit die Pfalz nicht minder,
wie vordem Bayern an dem Bündnis mit Frankreich festhielt,
für sie eine Quelle unversieglichen Misstrauens geworden.

Gewiss ist dasselbe nicht unberechtigt gewesen. Gerade
jetzt wieder suchte Chavigny in München der Sache noch eine
erfreuliche Seite für Frankreich abzugewinnen. In einer drei-
stündigen Audienz am 29. April bei der Kaiserin, gab er, sowie
del Bene für den Fall einer strengen Neutralität weitgehende Versprechungen bezüglich der Subsidienfrage. Durch diese strenge
Neutralität wollte er freilich eine Verpflichtung der bayerischen
Wahlstimme für den Grossherzog von Toscana ausgeschlossen
wissen; er erklärte, »wofern in denselben (Präliminarien) die Wahlstimme für diesen enthalten wäre, sein König solches für eine
offenbahre Kriegs Deklaration ansehen würde.«[4])

[1]) Colloredo an Batthyany, 25. April. W. St. Ar.

[2]) Bredow an Colloredo, 28. April. Ebd.

[3]) Colloredo an Bredow, 30. April. Ebd.

[4]) Kesselstatts Bericht, 1. Mai, Mainzer Ar. und Kesselstatt an Erthal,
30. April. Ebd.

So bot der französische Gesandte Drohungen und Versprechungen auf, um seinen schwindenden Einfluss zu behaupten, und der Krone Frankreich ihren durch Jahrhunderte hindurch getreuesten »historischen Verbündeten« zu erhalten. Es zeigt die Scheu, welche Kesselstatt vor der Ueberlegenheit Chavignys besass, wenn er jetzt Colloredo beschwor, dahin zu wirken, dass der Wiener Hof sich zur Zahlung monatlicher Subsidien im Betrage von 100000 Gulden verstehen sollte, da sonst Chavigny mit seinen Anerbietungen doch noch durchdringen könnte. In der That gab der Franzose das Spiel noch nicht verloren. Auch die öffentliche Meinung suchte er gegen Oesterreich zu gewinnen, was ihm um so leichter wurde, da sich bereits die Ansichten der Menge über den Wert des Friedens gespaltet hatten.[1] Von allen Mitteln jedoch, welche der schlaue Franzose zu diesem Zwecke ergriff, ist wohl keines für ihn selbst, wie für die Diplomatie seiner Tage bezeichnender, als die Fälschung eines angeblich von einem der französischen Generäle in Schwaben gesandten Schreibens, in welchem das Herannahen starker französischer Truppenmassen gemeldet sein sollte.[2] Obwohl diese Nachricht bald in ihrer vollen Nichtigkeit erkannt wurde, so mochte sie doch manchem den Gedanken an eine französische Hilfe näher gerückt haben. Zudem verbreitete sich die Kunde, dass Batthyany wiederum auf der Zahlung der rückständigen Contributionen bestehe, — es geschah dies in Folge des königlichen Reskriptes vom 27. ·—, womit dem Lande seine letzten Subsistenzmittel entzogen worden wären. Mit aller Entschiedenheit verlangte daher Praidlohn von Colloredo wenigstens in diesem Punkte Nachgiebigkeit, da sonst alles auf dem Spiele stehe.[3] Doch Maria Theresia, welche zum Kampfe gegen Preussen selbst Geldmittel benötigte, wollte hier nicht nachgeben, sondern noch möglichst viele Vorteile aus dem Lande ziehen, ehe sie es aus der Hand gab. Das Recht des vertragsmässigen Abkommens stand ihr dabei unbestreitbar zur Seite; die Unkenntnis St. Germains hatte es ihr am 26. ausgeliefert. Darauf konnte sich Batthyany berufen, als er sich bei Hildburghausen darüber beschwerte, dass die »Abführung der Contributionen stricté in-

---

[1] Dollberg an Colloredo, 28. April. W. St. Ar.

[2] »Die französischen Bewegungen mit unterstützung des Törring seind so weit gegangen, dass Chavigni sich nicht geschämet, einen falschen Courier ankommen zu machen und ein fingirtes Schreiben eines in Schwaben commandirenden französischen Generalens Bey öfentlicher Tafel vorzulesen, kraft welchen ihme gedachter general Benachrichtigte mit 20 Bataillon und einigen Escadronen umb dem Churfürsten von Bayern an die Hand zu gehen, würklich in marche sich zu befünden.« Colloredo an Ulfeldt, 2 Mai. W. St. Ar.

[3] Praidlohn an Fürstenberg, 30 April. M. St. Ar.

hibiret« werde.[1]) Hatte er doch ausdrücklichen Befehl mit aller
Strenge gegen etwaige Ausschreitungen vorzugehen, um jede
Feindseligkeit im Keime zu ersticken.[2])
Ahrembergs Lage war damals nicht die günstigste; um so
wichtiger war es, ihn rechtzeitig zu verstärken. Schon um Batthyany in Bayern entbehrlich zu machen, war es geboten, mit
dem Münchener Hofe schnell zu Ende zu kommen.[3])
Auch waren jetzt alle Aussichten dafür vorhanden, zumal
der nach Törrings Weggang erste Mann am Hofe, Graf Königsfeld, sich der österreichischen Politik gänzlich zugewandt hatte.
Den Grund hierfür scheute er sich nicht, Kesselstatt deutlich
genug erkennbar zu geben, indem er ihm seine persönlichen
Wünsche eröffnete.[4]) Dieselben gingen dahin, auch unter dem
neuen Kaiser vom Wiener Hofe die Reichsvizekanzlerstelle zu
erhalten, welche ihm, wie er Kesselstatt schon früher geklagt
hatte, so schwere Gelder gekostet hatte. Die Bitte an Kesselstatt, seinen Einfluss beim Mainzer Kurfürsten für ihn geltend zu
machen, erklärt uns am besten sein vertrauliches Entgegenkommen
gegen diesen. Kesselstatt versprach auch, sein möglichstes zu
thun, wenige Tage später schon legte er seinem Kurfürsten den
Gedanken nahe, den Grafen durch Geld zu gewinnen.[5]) Wahrscheinlich ist dieser Gedanke nicht näher verfolgt worden, weil
die Unterzeichnung der Ratifikationen dazwischen kam; immerhin
ist es ein wertvoller neuer Beweis dafür, dass der Füssener Friede
bei allem Bedürfnisse darnach doch nicht hervorgegangen ist
aus dem einmütigen Wunsche von Fürst und Volk, sondern
vielmehr aus den unlauteren Bestrebungen einzelner, durch Inter-
essengemeinschaft verbundener Männer. So war das Friedens-
geschäft bis zuletzt ein wirres Spiel der mannigfaltigsten Bestrebungen, bald allgemeiner Interessen, bald persönlicher Beweggründe;
bei jeder neu auftauchenden ernsteren Schwierigkeit schien der
Friede bedroht, flackerten die Gedanken an eine mögliche Fortsetzung des Kampfes allerorten empor.

---

[1]) Batthyany an Hildburghausen, 2. Mai. W. St. Ar.

[2]) Auch Colloredo schreibt an Batthyany, 1. Mai: »dass Ew. Excellenz
alle excessen auf das schärfste abstrafen, bitte nicht zu unterlassen.«

[3]) Maria Theresia hatte dem Herzog von Aremberg schon die Unterstützung durch Batthyany mit 30 000 Mann zugesagt. S. Oester. militärische
Zeitschrift 1826, B. 3, S. 251 und Ulfeldt an Colloredo, 1. Mai. W. St. Ar.

[4]) Kesselstatts Bericht vom 29. April.

[5]) Kesselstatts Bericht vom 1. Mai »Zugleich ist es höchst rathsam, dass
der Graf von Königsfeld, so anjitzo eigendlich der erste Minister werden wird,
von dem Wiener Hoff gewonnen werde, welches näher zu überlegen, ich unter-
thänigst anheim gebe«.

8*

In Salzburg sollte am 2. Mai die Ratifikation des Vertrages stattfinden; am 30. April fand sich Fürstenberg daselbst ein, wo ihn Colloredo, der über Innsbruck gekommen war, schon erwartete. Hier wurden die letzten Versuche gemacht, noch einzelne Vorteile für Bayern zu erlangen; sie schlugen fast sämtlich fehl; der Wiener Hof brauchte, schon am Ziele, in nichts mehr nachzugeben; man wusste, dass Bayern jetzt, da die Verhandlungen allerorten bekannt waren, nicht mehr zurück konnte. In der Konferenz vom 28. waren in Wien die Präliminarien von der Königin gebilligt und ratifiziert worden,[1]) am folgenden Tage wurden sie nach Salzburg entsandt. Am 1. Mai kamen sie daselbst an, worauf die beiden Gesandten sofort zur Unterredung schritten. Fürstenberg übergab seine neue richtige Vollmacht und erhielt die alte, sowie den bei der Unterzeichnung ausgestellten Revers zurück.[2]) Dagegen musste er sehen, dass die Gesuche Kesselstatts sowie des jungen Kurfürsten völlig wirkungslos geblieben waren. Die Wienerischen Ratifikationen enthielten keine der gewünschten Abänderungen betreffs der vielbesprochenen Artikel VI und VII. Ganz im Gegenteil erklärte Colloredo, dass die Königin durch diese Anträge gänzlich an dem Münchener Hofe irre geworden sei und dessen Ehrlichkeit von neuem beargwöhne.[3]) Als Beweis hierfür händigte er dem Fürsten ein Handschreiben Maria Theresias[4]) an den Kurfürsten aus, um es diesem zu übersenden. Dasselbe enthielt die dringende Mahnung, offen und ehrlich zu handeln, sowie die eigene Versicherung, desgleichen zu thun. »Alles misstrauen muss gehoben werden, wann eine daurhaffte Vereinigung statt haben solle, und wird gewiss an Mir diessfalls nie etwas erwinden. Ew. Liebden können dessen vollkommen sicher seyn.« Jedoch noch eine reellere Bürgschaft verlangte die Königin als blosse Worte. Colloredo nämlich erklärte, beauftragt zu sein, die Ratifikation nicht eher zu vollziehen, bis Fürstenberg eine schriftliche Erklärung zu dem geheimen Artikel gegeben, dass, sobald die Subsidien verabfolgt

---

[1]) Starhemberg an Colloredo, 29. April. W. St. Ar.

[2]) S. das Protokoll. Ebd. An der Vollmacht, welche Fürstenberg am 22. April vorgelegt, hatte Colloredo Anstoss genommen, weil zwar nicht mehr im Text, jedoch auf dem Siegel der Erzherzogstitel enthalten gewesen. Ein Siegel ohne diesen besass man damals am Münchener Hofe überhaupt nicht, dasselbe hatte erst für die Ratifikation angefertigt werden müssen. S. Protokoll vom 22. April. W. St. Ar.

[3]) Fürstenberg an Praidlohn, 2. Mai. M. St. Ar.

[4]) Maria Theresia an Max Joseph, 27. April. W. St. Ar. Bei Arneth B. III, S. 403, Anm. 36. Es verdient, hervorgehoben zu werden, dass die Königin, welche von Bayern stets die genaueste Befolgung der Präliminarien forderte, dennoch selbst in der Frage der Amnestie dem Artikel XII durchaus zuwider gehandelt hat. Arneth III, S. 25 f.

sein würden, auch die bayerischen Truppen sogleich und gegen jedermann verwendet werden könnten. Geschehe dies nicht, so sei »solches als eine Contravention derer Präliminarien« anzusehen. Es blieb dem Fürsten, wollte er das Werk beenden, nichts übrig, als diese »Declaration[1]) im Nahmen und von wegen Sr. Churfürstl. Durchl.« schriftlich niederzulegen und dem Grafen mit seiner Unterschrift auszuhändigen.[2]) Dafür trat er am folgenden Tage mit einem Promemoria[3]) hervor. Dasselbe hatte der bei ihm befindliche Hofrat v. Thierbeck[4]) auf Grund des Praidlohn'schen Schreibens vom 30. April ausgearbeitet. Es bestand in sechs Artikeln. Seine Hauptforderungen betrafen die Aufrechterhaltung der bayerischen Ansprüche auf Mirandola und Concordia[5]) (Art. IV), sowie die Einstellung der Contributionen (Art. VI), welche letzteren auf Maria Theresias Wunsch noch immer »mittelst militärischer Execution« fortgesetzt wurden. Punkt IV gestand Colloredo zu,[6]) betreffs der übrigen Forderungen verwies er auf die demnächstige Entsendung eines bayerischen Gesandten nach Wien. Hier zum erstenmale fand er auch Gelegenheit, den in seiner Instruktion vorgeschlagenen Austausch des Landes an Inn und Salza gegen das schwäbische Oesterreich, jedoch ohne Konstanz und Bregenz, zur Sprache zu bringen; Fürstenberg lehnte aber denselben ab, da der Kurfürst gerade auf die Restituirung in die gesamten Erblande besonderen Wert legte.[7]) So konnten endlich am Nachmittage des 2. Mai die Ratifikationen ausgewechselt werden,[8]) wobei sich Colloredo freiwillig erbot, so lange in Salzburg zu bleiben, bis die versprochenen Wechselbriefe angelangt seien.

Fürstenberg war auch diesmal wieder mit dem Erfolg der Mission zufrieden, nicht aber der Münchener Hof. Zwar das energische Schreiben der Königin hatte, wie Fürstenberg als

---

[1]) Abgedruckt bei Aretin; Chronologisches Verzeichnis der bayerischen Staatsverträge; S. 405.

[2]) Ueber die weiteren Folgen dieses eigenmächtigen Schrittes, vgl. Seeländer, S. 76 f.

[3]) Enthalten im W. St. Ar.; ebd. auch die Antwort Colloredos.

[4]) Derselbe vertrat jetzt offenbar die Stelle des unfähigen Hofrats von Brandtner. Fürstenberg an Praidlohn, 3. Mai. M. St. Ar.

[5]) Praidlohn hatte dem Fürsten dringend ans Herz gelegt, wegen der Anwartschaft auf diese Länder eine »reservation ad Protocollum zu geben.« Praidlohn an Fürstenberg, 28. April. M. St. Ar.

[6]) Als einige Jahre später der Herzog von Mirandola starb, ist Max Joseph noch einmal auf dieses Zugeständnis zurückgekommen; s. sein Schreiben vom 26. März 1748 an die Kaiserin. M. St. Ar.

[7]) Protokoll.

[8]) Fürstenberg an Praidlohn, 3. Mai. M. St. Ar.

notwendig versichert,[1]) eine sofortige Antwort des Kurfürsten zur
Folge, welche »ganz nach Dero Verlangen« an Wärme und Ergebenheit des Ausdrucks nichts zu wünschen übrig liess.[2]) Dagegen rief der Umstand, dass die Frage der Contributionen noch
weiterhin verschoben werden sollte, den höchsten Unwillen hervor.
Wieder wurden Kesselstatt und Droste zu Hilfe gerufen;[3])
beide versprachen am 3. Mai dem Vizekanzler, ihn durch ihre Vermittlung zu unterstützen. Wenig später, in der Nacht vom 4. zum
5. Mai traf Seckendorff, lange erwartet, in München ein;[4]) schon
am Morgen fand bei dem Kurfürsten eine Konferenz statt, welche
feststellte, dass St. Germain durch seine Instruktion nur zu
einer Militär-Konvention, keinesfalls aber zu politischen Abmach-
ungen irgend welcher Art ermächtigt gewesen sei.[5]) Sofort wurde
ein in diesem Sinne gefasstes Promemoria nach Salzburg entsandt,
wo es Fürstenberg am 6. Mai dem österreichischen Gesandten
überreichte.[6]) Derselbe hatte zweifellos Recht, wenn er es zurückwies; er dürfe sich auf weitere Verhandlungen in einer Sache
nicht einlassen, welche schon eben durch die Konvention von
Pöttmes erledigt sei.

Die Schuld daran trifft auch hier allein den Münchner Hof
selbst, da er mit wichtigen Verhandlungen einen Mann betraut
hatte, der nach seinem eigenen Geständnis infolge seiner mangel-

[1]) Fürstenberg an Praidlohn, 4. Mai. Ebd. Hierin bat er um ein möglichst schnelles Schreiben des Kurfürsten an die Königin, denn »es wirdt unserem
gnädigsten Herren Sehr erspriesslich sein, weillen dadurch der Königin aller
argwohn wirdt benommen werden, dass man es nicht vollkommen auffrichtig meine.«

[2]) Kurfürst Max Joseph an Maria Theresia, 4. Mai. W. St. Ar. »Ich
trage daherr (und da alle andere gedenckens arth von mir weith entfernet ist,
ich auch das geschlossene in einig anstand ziehen zu wollen, mir ohnehin nie-
mahlen zu sinnen gehen lassen) gartz kein Bedenken, Euer Königl. May. bey
meinem wahren churfürstl. Wort, wie hiemit auf das feyerlichst und verbindlichste
geschieht, nochmahlen kräftigst zu versichern, nicht allein alles dasjenige, was
wegen admittirung der Königlichen chur Boheimbischen wahlstimme in den 6.
articul der von mir bereits ratificirten Praeliminarien deutlich enthalten, ohne
ausnahm getreulich zu vollziehen, sondern auch meine Wahlstimme Bey nächst
vorseyenden wahltag zu Behuf derr H. Gemahles Libden abzulegen, fortan mir
nichts erwinden zu lassen, chur-Cölln und churpfalz zu dem nemblichen zu vermögen . . .«

[3]) Praidlohn an Kesselstatt, 3. Mai. Mainzer Ar.

[4]) Praidlohn an Fürstenberg, 5. Mai. M. St. Ar. Also nicht erst am 7. Mai,
wie Seeländer (S. 74), gestützt auf die »Berlinischen Nachrichten« vom 20. Mai,
berichtet.

[5]) »Da man sich wegen rückständiger Contributionen österreichischer Seits
auf die Convention zu Pöttmes beziehet, so kan die Instruktion vom 26. April
für St. Germain vorgelegt werden, woraus erhellt, dass derselbe lediglich zu
Militärvereinbarungen beauftragt ist.« Promemoria, 6. Mai. W. St. Ar.

[6]) Protokoll. W. St. Ar.

haften Kenntnis der deutschen Sprache überhaupt nicht wusste, was eine Steuer sei.[1])

Wie gross auch in München die Verstimmung über die »Härte« Maria Theresias sein mochte, so behielten doch auch jetzt die Impulse die Oberhand, welche auf den Abschluss des Friedenswerkes gerichtet waren. Die letzten noch im Wege stehenden Streitfragen bemühten sich die beiden Unterhändler in Salzburg gemeinsam zu beseitigen.

Als in einigen gerichtlichen Verordnungen unter der Titulatur des Kurfürsten sich auch der österreichische Erzherzogstitel vorfand, gab sich Colloredo mit der Erklärung des Fürsten zufrieden, dass dergleichen Versehen ohne des Kurfürsten Wissen oder gar Zustimmung eine Folge der geschäftlichen Unordnung sei, welche zur Zeit noch in den Kanzleien herrsche.[2]) Betreffs der Festung Ingolstadt räumte Fürstenberg ein, dass es solange von österreichischen Truppen besetzt bleibe, bis wegen einer neutralen Besatzung ein sicheres Abkommen getroffen worden.[3])

Da die Sendung der Wechselbriefe sich zu verzögern schien, schrieb Colloredo auf das dringlichste nach Hause;[4]) er erwartete sie sehnlichst, um nach Wien zurückkehren, der Königin Bericht erstatten und damit deren ungünstige Meinung über sich und seine diplomatische Thätigkeit berichtigen zu können.

Nachdem dieselben am 6. in Salzburg angelangt waren, konnten die beiden Gesandten die Stadt verlassen.

Fürstenberg begab sich sofort nach München, wo unterdessen ein neues Projekt aufgetaucht war, von dem uns Kesselstatts Schreiben an Colloredo vom 4. Mai Kunde gibt.[5])

Derselbe fragte nämlich an, ob Oesterreich zur Einleitung von Unterhandlungen mit Frankreich bereit sei; Chavigny habe sich selbst zu diesem Zwecke angeboten. Wahrscheinlich haben

---

[1]) Praidlohn an Fürstenberg, 5. Mai; W. St. Ar., giebt selbst zu, dass man St. Germain nicht hätte hierzu beauftragen sollen, da er nicht gut deutsch verstehe. Dieser selbst entschuldigte sich damit, »dass er unter den worten alle vorbemerkten dato auf das Land Bayern ausgeschriebene und noch rückständige Contributiones die Steuern keineswegs, sondern nur die kleine Lieferungen und dergl. verstanden habe«. Promemoria, 6. Mai.

[2]) Batthyany hatte sich darüber bei Hildburghausen beschwert. Sein Schreiben an diesen vom 2. Mai. W. St. Ar. Auf Fürstenbergs Erklärung hin entschuldigte Colloredo selbst den Vorfall bei Ulfeldt; Colloredo an Ulfeldt, 3. Mai. Ebd.

[3]) Colloredo an Batthyany, 3 Mai. Ebd.

[4]) S. seine Briefe an Starhemberg, 2. Mai. Ebd. An die Königin, 3. Mai. Ebd. An Ulfeldt, 5. Mai. Ebd. Nochmals an Starhemberg, 6. Mai. Ebd.

[5]) Kesselstatt an Colloredo, 4. Mai. W. St. Ar. Colloredo sandte das Original am 5. Mai nach Wien.

wir in ihm auch den Urheber dieses Gedankens zu suchen.[1]) Die vorteilhaften Folgen eines solchen Vertrages für Oesterreich lagen auf der Hand; hatte es doch von Frankreich im Falle eines Sieges nur wenig zu erwarten, im Falle einer Niederlage alles zu befürchten. Zudem war vorauszusetzen, dass mit Frankreich auch Spanien aus der Zahl der Kämpfer austreten und damit Preussen alle seine Verbündeten und Mittel verlieren würde »pour soutenir sa mauvaise foi.«

Zum Glück für Friedrich ist dieser Plan ebenso schnell wieder verlassen worden, wie er entstanden war. Noch war die Rivalität zwischen Bourbon und Habsburg das eigentlich treibende Element in der Entwicklung der europäischen Geschichte, noch galt die emporstrebende norddeutsche Macht den alten Grossmächten nicht für ebenbürtig; wenige Jahre später, und sie sollte sich allen zusammen mehr als gewachsen zeigen.

Während also Frankreich in seiner feindlichen Stellung beharrte, schwenkte der Münchener Hof mehr und mehr in das österreichische Lager über. Es war dies die natürliche Folge des Personenwechsels, der im Ministerium stattgefunden hatte.[2])

Törrings Tage in München waren gezählt; Preysing hatte sich verstimmt von den Geschäften zurückgezogen. Das Fehlen dieser erfahrenen Staatsmänner machte sich immer wieder fühlbar. Weder Königsfeld,[3]) noch die als Konferenzminister in Aussicht genommenen Grafen Kaiserstein und Tattenbach[4]) waren fähig,

[1]) Auch Loss war nach Kesselstatts Angaben daran beteiligt. Aus dessen Verhalten in diesen Tagen geht übrigens allen persönlichen Erklärungen sowie denen seines Hofes entgegen, dass Sachsen doch die ganze Zeit die Hoffnung auf die Kaiserkrone gehegt hatte. S. Kesselstatts Bericht vom 28. April. Mainz. Ar. Reskript an Colloredo, 29. April. W. St. Ar. Kesselstatt weiss in seinem Schreiben an Erthal, 30. April, Mainzer Ar. zu erzählen, dass König August über den Frieden äusserst bestürzt gewesen sei und erklärt habe, dass er ohne bedeutende Abtretungen niemals für Toscana stimmen werde. Auch dem Münchener Hofe selbst wurde des Grafen Loss Auftreten unbequem. So berichtet Colloredo am 5. Mai (W. St. Ar.): »Loss solle dato noch auf das höchste unvergnügt seyn und treibet die sach so weit, dass man sich in München wegen Sachsens nicht zu helfen weis, indem man doch diessen Hof aus rücksicht auf die Kayserin zu guten freund erhalten möchte.«

[2]) S. ein Schreiben aus München vom 11. Mai (W. St. Ar.), worin es heisst: Preising »s'etoit demis de touttes ses charges, mais ayant été pressé par l'Imperatrice, il vient de les reprendre, en attendant, qu'on lui cherche un Successeur, qui sera difficile à trouver parmi les Bavarois. Le Marechal de Törring qui est entierement congedié, va se rendre sur ses Terres. C'est le comte de Seckendorff, qui gouverne tout. Il ne quitte pas l' Electeur; il va proposer un plan à ce Prince, pour mettre ses finances sur un bon pied, et on dit, qu'il travaille à Nimphenbourg, ou il est depuis hier avec l'Electeur, à regler le Militaire et le Politique.«

[3]) Der Kurfürst hatte ihn zum Nachfolger Törrings als »ministre des affaires étrangeres« bestimmt. Kesselstatts Bericht vom 29. April. Mainzer Ar.

[4]) Kesselstatt an Colloredo, 7. Mai. W. St. Ar.

sie zu ersetzen. Um so höher stieg der Einfluss Seckendorffs, der jetzt auch rücksichtsloser denn je auftrat. Klinggräffen, der immer noch gehofft hatte, Preussen werde in den Frieden mit eingeschlossen werden,[1]) war nunmehr, da er diese Hoffnung aufgeben musste, aufs äusserste über Seckendorff erbittert. Schon wusste man von einem heftigen Wortwechsel zwischen ihnen beiden zu erzählen. Offenbar gab sich Seckendorff, nachdem er sich einmal durchschaut sah, keine Mühe mehr, seinen österreichischen Standpunkt zu verbergen, zumal er erkannt hatte, dass er auf ein seinen materiellen Wünschen geneigtes Entgegenkommen von seiten der Hofburg nicht rechnen durfte, so lange man ihn dort einer geheimen Parteilichkeit für Preussens Sache beargwöhnen konnte.[2])

Wenn freilich Kur-Pfalz gehofft hatte, aus dieser veränderten Stellung der beiden Höfe irgend welchen Vorteil für sich zu erlangen, so sah es sich hierin bitter enttäuscht.

Am 1. Mai war die österreichische Armee aus ihren bayerischen Quartieren aufgebrochen und hatte sich bei Neuburg gelagert.[3]) Der pfälzische General von Zastrow erklärte nunmehr am 8. dem Geh. Rat von Oberndorff zu Neuburg seine Neutralität, mit der Bitte, dies den österreichischen Generalen zu melden und auf die Entlassung der Gefangenen zu beantragen.[4]) Die Antwort hierauf war die Gefangennahme und Entwaffnung eines weiteren pfälzischen Bataillons zu Lechhausen.[5]) Da der Hof zu Mannheim sich zu schwach dünkte, dieses Verfahren zu

---

[1]) Für diesen Fall hatte Friedrich selbst geraten, den Frieden zu schliessen. S. Kesselstatts Bericht vom 28. April. Mainzer Ar. »Der graff von Seckendorff hatt mir ein Originalschreiben in chiffres von dem König von Preussen theilss orgvelesen, theilss ausgelegt, worinnen besagter König ihm rathet, dahin zu sehen, damit ein fried mit Bayern geschlossen werde, seynes erachtens würde das Beste seyn, wenn jeder Bekomme, was er vor dem Krieg gehabt, er der König wolle auch zufrieden seyn, wenn er den Breslauer Tractat wiederum erhalte, woraus klar scheinet, dass besagter König gegen den hiesigen Friedens Tractat nichts einwenden werde.« Es ist dies Friedrichs Schreiben an Seckendorff, aus dem Quartier Neisse vom 9. April. Polit. Corresp. B. IV, S. 116. S. ferner Friedrichs Schreiben an Klinggräffen, 29. April. Polit. Corresp. B. IV, S. 135.

[2]) Noch am 29. April schreibt Maria Theresia an Colloredo (W. St. Ar.): »Und obwohlen Unsere meynung nicht ist, ihme Graffen v. Seckendorff in anderen stucken im mindesten zu schaden; So ist doch unentbehrlich, dass in allem, was directé oder indirecté Preussen mit angeht, ihme Seckendorff des jungen Churfürsten Vertrauen entzogen werde.«

[3]) Palffy an Esterhazy, 6. Mai. W. Kr. Ar.

[4]) Zastrow an Oberndorff. W. St. Ar.

[5]) Es war das zweite Bataillon des kurpfälzischen Regiments Sachsen-Hildburghausen. Kurfürst Max Joseph an die Königin, 11. Mai. M. St. Ar.

beanstanden, wandte er sich nach München,[1] wo man ohnedies
den Verbündeten eine gewisse Genugthuung schuldig zu sein
glaubte, da man ja mit ihrer Uebergehung den Frieden geschlossen
hatte. Sofort erbat Max Joseph von dem Wiener Hofe die Frei-
lassung der Gefangenen,[2] erhielt jedoch die Antwort, dass dieselbe
nicht eher erfolgen werde, dann aber auch unentgeltlich, als bis
Kur-Pfalz sich unter den bekannten Bedingungen zum Frieden
bereit erklärt habe.[3] Und nicht viel besser erging es den Hessen.
Ihr Führer, General von Brandt, erhielt von den Oesterreichern
den Befehl, mit seinem Corps nach Ingolstadt zu marschieren
und daselbst Waffen und Kriegsgerät auszuliefern.)[4]

So ward in der Hofburg bis zuletzt die denkbar schroffste,
aber gerade wegen ihrer Konsequenz erfolgreichste Politik ver-
fochten.

Allerdings musste Oesterreich in der Contributionsfrage
schliesslich seine hochgespannten Ansprüche nicht unerheblich
herabsetzen, indem es auf die am 9. April ausgeschriebene neue
Steuer »aus besonderer Gefälligkeit, keineswegs aus Schuldig-
keit oder Obliegenheit« Verzicht leistete und zugab, dass alle
unentgeltlichen Lieferungen seit dem 22. April von der übrig-
bleibenden Schuld abgezogen würden.[5]

Es lag daher in seinem eigenen Interesse, die Absendung
eines Gesandten nach Wien zu beschleunigen, welcher die Aufgabe hatte, alle noch unerledigten Streitfragen zum Abschlusse
zu bringen.

Für diese wichtige Mission war von Seiten Bayerns der bis-
herige Gesandte im Haag, Graf Seinsheim, in Aussicht genommen
worden, der sich zur Zeit in Mainz aufhielt. Von Baron Erthal,
welcher am 2. Mai von Wien abgereist und Salzburg auf der
Durchreise berührt hatte,[6] war Fürstenberg auf die Wahl des
Grafen aufmerksam gemacht worden, da derselbe einmal in Wien
ausserordentlich beliebt sei, dann auch als langjähriger Gesandter

[1] Baron v. Fürstenberg musste am 10. Mai daselbst über diese Vorgänge
ein Promemoria einreichen. M. St. Ar.
[2] Brief vom 11. Mai. M. St. Ar.
[3] Maria Theresia an den Kurfürsten, 18. Mai. M. St. Ar.
[4] General Lucchesi an Generallieutnant v. Brandt, 18. Mai, W. Kr. Ar.
Dessen Antwort, 19. Mai. Ebd. Die Hessen hatten bis dahin noch immer zwischen
Rain und Friedberg gestanden. Bericht des Lieutenant Kuziska an Esterhazy,
6. Mai. Ebd.
[5] Diese festzusetzen, war der kgl. Kammerat Kampf von Angrath nach
Ingolstadt geschickt worden. Colloredo an Fürstenberg, 13. Mai. W. St. Ar.
Ebendahin wurden wenig später von bayerischer Seite zwei Kammerräte entsandt.
Fürstenberg an Colloredo, 5. Juni. Ebd.
[6] Colloredo an Starhemberg, 5. Mai. W. St. Ar, und der Churmainzische
Hofrat Helm in Wien an Kesselstatt, 5. Mai. Mainzer Ar.

in Holland, zumal in der Frage der von den Seemächten zu zahlenden Subsidien orientiert sei. Uebrigens war Seinsheim auch vorher schon in München in Aussicht genommen, wenigstens hatte am 4. Praidlohn dem Hofrat von Vorster gegenüber hiervon gesprochen.[1]) Man war eben zur Zeit nichts weniger als reich an Männern, welche, wie Seinsheim, diplomatische Geschicklichkeit mit gewinnendem Taktgefühle und Sicherheit des Auftretens verbanden.[2]) Am 18. Mai kam er in München an, wo er die nötigen Instruktionen empfing, Ende des Monats schon befand er sich in Wien. Wenig später, Mitte Juni, traf auch der österreichische Bevollmächtigte, Graf Rudolph Chotek, von Innsbruck aus in der bayerischen Hauptstadt ein und ward am 24. von Max Joseph in Audienz empfangen.

Hier war es inzwischen still geworden um die Person des jungen Kurfürsten. Das Parteigetriebe, das diplomatische Ränkespiel war zu Ende. Am 22. Mai kehrte Kesselstatt über Mannheim nach Mainz zurück.[3]) Er hatte seine Bestimmung zum grossen Teile durch eigene Schuld nur mangelhaft erfüllt; denn Anfangs, da man von ihm alles erwartete, verhielt er sich passiv, und als er mit Entschiedenheit handeln wollte, war es dazu zu spät gewesen. Auch die Vertreter der fremden Mächte waren zunächst darin einig, den Hof baldmöglichst zu verlassen; doch haben sie, wie wir wissen, diesen Entschluss zuletzt nicht ausgeführt;[4]) nur der pfälzische Gesandte, Baron von Fürstenberg ist, kurz nachdem die Friedenspräliminarien durch Preysing auf des Kurfürsten Befehl den Gesandten eröffnet worden, am 30. Mai nach Mannheim zurückgekehrt.[5])

Mit dieser offiziellen Mitteilung des Friedens können wir auch den Kampf zwischen Oesterreich und Bayern als abgeschlossen betrachten.[6])

---

[1]) Kesselstatts Bericht vom 5. Mai. Mainzer Ar.

[2]) Daher konnte auch Praidlohn, welchen Maria Therese als Gesandten gewünscht hätte, nicht in Betracht kommen, da, wie Colloredo schrieb, »sie ansonsten in Bayern dermahlen niemand bey Hoff haben, der dem Vermelden nach sozusagen nur eine Verordnung aufsetzen köndte.« Colloredos Bericht vom 2. Mai.

[3]) Diarium Kesselstatts. Mainzer Ar.

[4]) Sie hatten sich an Batthyany gewandt mit der Bitte, ihnen die Pässe zu verabfolgen; doch hatte dieser es abgeschlagen. Batthyany an Colloredo, 28. April. W. St. Ar. »Chavigny, del Bene et Klinggraeff m'ont fait demander des passeports que je leurs aye refusés.« Der wahre Grund ihres Zurückbleibens ist wahrscheinlich darin zu suchen, dass sie den Einfluss Seckendorffs auch fernerhin nach Möglichkeit einschränken wollten.

[5]) Preysing an den Kurfürsten. Nymphenburg, den 31. Mai. B. R. Ar.

[6]) Es sei erwähnt, dass Herzog Clemens Franz, durch seine Gemahlin Maria Anna bewogen, die Wittelsbachischen Ansprüche dadurch für die Zukunft zu retten suchte, dass er seine Rechte an Kurfürst Karl Theodor von der Pfalz

Wohl blieb für die beiden Vertreter Graf Seinsheim und Chotek noch manche Streitfrage zumal wegen der Stellung der Subsidientruppen[1]) zu erledigen, wohl wurden noch zahlreiche Schreiben und Promemorias von den beiden Höfen erlassen, doch sind alle diese teilweise recht ernsthaften Verwicklungen schliesslich doch wirkungslos geblieben gegenüber der Thatsache des endlich geschlossenen und aller Welt verkündigten Friedens. »Tout l'empire est redevable à V. A. et au Maréchal de Seckendorff de cet heureux événement,« schrieb Colloredo an Fürstenberg;[2]) ein zweideutiges Lob, da es aus dem Munde des Gegners kam.

In der That, wenigstens Oesterreich konnte mit den bayerischen Vertretern zufrieden sein. Daher beauftragte auch die Königin den Grafen Colloredo, beiden ihre volle Dankbarkeit auszusprechen.[3]) Diese säumten keinen Augenblick, sich ihre Belohnungen hierfür einzufordern. Die Art, wie dies zumal von Fürstenberg geschah, ist ein neuer Beweis dafür, wie ihre ganze Thätigkeit als Unterhändler nicht sowohl auf die Wahrung des bayerischen Interesses berechnet gewesen, als auf den Schein derselben.[4])

---

urkundlich übertrug. S. Zschocke, Bayrische Geschichten, B. VI, S. 113f. Eine praktische Bedeutung hat diese Uebertragung freilich nie gewonnen.

[1]) Erst Mitte Juni hat der englische Gesandte Robinson in Wien die Vollmacht zum Abschlusse eines Subsidienvertrages empfangen und diesbezügliche Unterhandlungen mit Seinsheim angeknüpft. S. Colloredo an Fürstenberg, 19. Juni. W. St. Ar.

[2]) Colloredo an Fürstenberg, 22. Mai. W. St. Ar.

[3]) Es geschah dies in seinen beiden Schreiben vom 13. Mai. W. St. Ar. In dem Briefe an Seckendorff liess es, dass Königin ihm (Colloredo) aufgetragen, dem Grafen die Versicherung »ihrer höchsten Hulden und gnaden zu erkennen zu geben, nicht zweyffelnd, Euer Excellenz würden auch ferneres hin zu desto mehrerer Befestigung des anjetzo wieder hergestellten guten Vernehmens das ihrige Bereithwilligst mit Beytragen wollen.«

[4]) Sofort mit dem Friedensschlusse hatte Fürstenberg seine Güter zurückerhalten. »Je connois comme un effet de la Clemence de S. M. de ce qu'Elle a d'abord envoyé ordre à Prague pour lever le sequestre aux terres de ma femme« schrieb er am 18. Mai an Colloredo (W. St. Ar.) Damit jedoch noch nicht zufrieden, wandte er sich bald darauf schon am 29. Mai mit einer neuen Bitte an diesen, ihm im Falle des Friedensschlusses mit Preussen von diesem die Rückzahlung von 20000 fl. zu erwirken, welche Friedrich auf seinen böhmischen Gütern erhoben haben sollte. Fürstenberg an Colloredo, 29. Mai. W. St. Ar. Es darf wohl als sicher angenommen werden, dass er mit diesem dreisten Anliegen keinen Erfolg gehabt hat. Auch Seckendorffs Belohnung ist nicht ganz nach seinen Wünschen ausgefallen. Am 11. Mai hatte er an Colloredo geschrieben: »Ich nehme mir die Freiheit, über dieses Ew. Excellenz an dasjenige zu erinnern, was ich mündlich wegen baarer an das löbliche Marschallische Regiment bereits anno 1741 vorgeschossenen Geldern vorgetragen habe, durch des Herrn Grafen Batthyany Exc. habe sogleich nach Ihro Kayserl. Mayestät erfolgten Todesfall

Des Landes Opferfreudigkeit, sein standhafter Mut in den langjährigen Kriegsleiden hätten verdient, uneigennütziger bei den Verhandlungen vertreten zu werden. Auch Max Joseph vermochte in der Reife seiner Jahre dieser niederdrückenden Erkenntnis sich nicht zu verschliessen; die Erinnerung an den 22. April 1745 blieb eine der trübsten seines Lebens. Auch in der Bevölkerung ergriff die Erkenntnis von der Schmach dieses Friedens immer weitere Kreise. »... le mal est fait et ce sont pia desideria, que de souhaiter, que la paix soit bonne. Il semble que les Bavarois memes en ayent mauvaise opinion et ils commencent à se recrier contre les faiseurs de cet accomodement, depuis qu'ils savent, que le Comte de Preising n'y a point de part;« heisst es in einem Schreiben aus München vom 11. Mai.[1]

allhier ein alleruntherthänigstes Memoriale an Ihre Königl. Mayestät eingesandt; die liquide Schuld und dass solches ein baarer Vorschuss, ist dem Obrist-Lieutenant von Regiment II. Baron v. Wolferdorf am besten bekannt, massen derselbe die Gelder auf meinen Kredit in Wien und Nürnberg erhoben. Ich lebe also der Hoffnung, Ew. Exc. werden nach Möglichkeit Sich hierinnen meiner annehmen und von mir versichert seyn ...« Allgemeiner äusserte er sich in einem zweiten Schreiben an Colloredo vom 18. Mai (W. St. Ar.); »Wäre es nach meinem Eifer, Wunsch und Hinrath gegangen, so wäre die durch Ew. Excellenz Geschicklichkeit nunmehro so glücklich als nützlich getroffene Vereinigung deren beyden durchleuchtigsten Häuser schon vor zwei Jahren zum Besten des gemeinen Vatterlandes und also noch bei Lebzeiten Ihrer Kaiserl. Mayestät zum Stande kommen, und da durch Gottes Gnade selbige jüngsthin erfolget, so würde ich in meinen alten Tagen es vor die grösste Glückseligkeit schätzen, wann vor meinem Ende eine nochmalige Probe von Treue, Devotion und Ergebenheit vor Ihre Mayestät und dero Allerhöchstes Hauss an den Tag legen könte.« Zum Schluss versicherte er, im Stande zu sein, das bayerische Subsidienkorps für das Jahr 1746 auf 20,000 Mann zu vermehren. Colloredo antwortete ihm am 26. Mai (W. St. Ar.) dass er seine Bitte der Königin vorgetragen habe; dieselbe hätte um so weniger Anstand, sie zu erfüllen, »da allerhöchst dieselbe gar wohl erkenne, was für Besondere Verdienste sich dieselbe Bey der letzten Friedensnegotiation erworben ..« Darauf wandte sich Seckendorff an den Kommandeur des Regimentes mit dem Ersuchen, ihm eine Abrechnung zu übersenden; ob dies geschehen und wie die Sache sich weiterhin entwickelt hat, ist mir nicht mehr möglich gewesen festzustellen. Es scheint als ob Seckendorffs Forderung wenigstens damals noch nicht erfüllt worden sei. Zschocke (Bayrische Geschichten, B. VI, S. 116 Anm.) weiss, gestützt auf Aretin, Nachr. I, S. 377 zu berichten, dass Seckendorff im Jahre 1755 12,000 Gulden alter Rückstände erhalten habe. Was seinen Neffen anbetrifft, so wissen wir, dass derselbe als Belohnung für seine Sendungen nach Wien im Juli zum Major befördert worden ist; s. Brief des Gen. Diemar an Grafen Seckendorff, 31. Juli. W. Kr. Ar. Thüngen hatte ihm schon damals versprochen, sich für sein Avancement verwenden zu wollen. S. Thüngens Bericht an Franz Stephan vom 28. Februar. W. St. Ar.

[1] W. St. Ar. Vgl. auch Drostes Bericht: »Seit dem Frieden sind jetzt alle Bayern französisch und törringisch.« Arneth II, 238. Dem widerspricht natürlich nicht die Thatsache, dass der junge Kurfürst bei seiner Rückkehr nach München mit Begeisterung und Jubel empfangen wurde. Rotthammer Max III, Münchner Postzeitung 1745.

Es wird zweifelhaft bleiben müssen, ob nicht doch der Ausgleich mit Oesterreich eine politische Notwendigkeit gewesen ist und eine rettende That, hervorgegangen aus dem Gedanken, lieber weniges zu behaupten, als alles aufs Spiel zu setzen.

Aehnlich wenigstens ist dieses Ereignis auch von dem Manne beurteilt worden, der durch das Ausscheiden Bayerns aus dem Kriege am meisten gefährdet wurde. Bei aller Erbitterung gegen Seckendorff ist Friedrich der Grosse doch gerecht genug gewesen, die That des Kurfürsten als eine »unbedingte Notwendigkeit« zu bezeichnen.[1])

Freilich wenn der Münchener Hof noch einmal das traurige Los des Exils auf sich genommen hätte, wer weiss, ob nicht doch Preussens entscheidende Siege ihm zu einem würdigeren Frieden verholfen hätten. Soviel ist sicher, dass derselbe als ein hochbedeutsamer Erfolg der österreichischen Politik zu betrachten ist; Maria Theresia verdankte ihn in erster Linie der eigenen Grösse, zumal der Beharrlichkeit, womit sie dem Gegner »in der einen Hand den Frieden, in der anderen Hand das Schwert« entgegenhielt.[2])

---

[1]) Koser. Friedrich der Grosse, B. I, S. 148. An den Kurfürsten schrieb er am 26. Mai (M. St. Ar.): »Je plains de tout mon coeur les circonstances fâcheuses, ou Votre Altesse Electorale s'est trouvé actuellement; mais je souhaite qu'Elle n'ait pas lieu de regretter le parti qu'Elle vient de prendre.« S. auch seine Reskripte an Klinggräffen, 29. April, Polit. Corresp. B. IV, S. 135, und 13. Mai, S. 153: »Que la paix avec l'Electeur et la Reine étant une fois faite, il fallait l'oublier; sowie sein Schreiben an Podewils 27. April: »Ce qui a dû se faire, est accompli à présent«, ebd. S. 134. Erst als er erkennen musste, dass Bayern seine Truppen gegen Preussen ins Feld schicken wollte (Seeländer, S. 76 f.) änderte sich seine Ansicht. Am 27. September erliess er ein sehr schroff gehaltenes Schreiben an Max Joseph, worin er demselben besonders zum Vorwurf machte, dass er sich mit der Wahlstimme für den Grossherzog verpflichtet habe. »Ew. Liebden Wollen in dero noch jungen Jahren nicht Eydbrüchig werden (— wie aus demselben Schreiben hervorgeht, hatte Friedrich den jungen Kurfürsten vergebens zum Bruche des eben geschlossenen Friedens veranlassen wollen —), haben aber gleichwohlen sich kein gewissen gemacht, in das Wahl Unrecht mit einzuschlagen, und dero so theuere churfürstliche Pflichten an dessen schuldiger Beobachtung dem Reich das Vornebste gelegen ist, aus Nebenabsichten, aye seyen nun aus Noth oder nicht, leichthin zu überschreiten, und die Wahl-Stimme in einem öffentlichen friedens-Tractat zur abhorrescens eines jeden Vernünftigen und getreuen Gemüths an das Haus Oesterreich abzugeben, da man sich doch dardurch weder durch Drohung, noch geschenck noch freundschafft treiben lassen, sondern frey und ohnpartheyisch nach der Gerechtigkeit votiren solle.« Zum Schluss giebt er nochmals zu überlegen: »Ob Sye dero Kostbahre Erbgerechtsambe völlig schwinden lassen wollen? Und Ob rebus sic stantibus das geschmidtete Landt ohnauflöslich seye?« Bayer. Reichs-Archiv. In der Politischen Korrespondenz ist dieses Schreiben Friedrichs nicht enthalten.

[2]) Ausdruck des Nuntius Stoppani. S. Kesselstatts Bericht vom 17. März. Mainzer Ar.

Wirksamer als hier ist nicht oft das Glück der Schlachten durch die Arbeit der Diplomaten gefördert worden. Freilich, Gefühlspolitik war der Königin nicht weniger fremd, wie ihrem grossen Gegner, und es hätte schlimm um ihren Thron gestanden, wenn es anders gewesen wäre.

Wie begreiflich, war man in Frankreich aufs höchste über die Friedensnachricht bestürzt; man fühlte sich hier nicht schuldig genug an diesem Ausgange, um dem bayerischen Hofe Vorwürfe zu ersparen.[1] Dasselbe geschah von Seiten Kur-Sachsens, wo man namentlich darüber grollte, dass man von den Verhandlungen so gänzlich ausgeschlossen war.[2] Dass der Friede von den Seemächten mit lautem Jubel begrüsst wurde, braucht nicht erwähnt zu werden.[3]

Durch den Füssener Frieden war Bayern aus der Reihe der streitenden Mächte ausgetreten.

Wenn auch dieses Ereignis nicht den erwarteten entscheidenden Einfluss auf die weitere Kriegführung gehabt hat, so ist es doch von hervorragender Bedeutung gewesen, freilich nicht sowohl durch Veränderungen in staatlicher Beziehung, welche es hervorrief, als dadurch, weil es das Streben Bayerns nach Machterweiterung vorerst zum Abschluss brachte. Denn mit diesem Friedensschlusse trug es seine stolzen Pläne zu Grabe und verzichtete auf jene Grossmachtstellung, welche es vier Jahre hindurch mit Aufbietung aller Kräfte und aller Mittel verfolgt hatte, um einem Grösseren in Deutschland Raum zu machen und selbst für immer seinen Platz in der Reihe der Staaten zweiten Ranges einzunehmen.

Doch hatte der Kampf der beiden Donaustaaten noch eine andere Bedeutung.

Wohl hatten schon früher oft genug deutsche Fürsten gegen Oesterreich das Schwert erhoben, aber immer nur zur Wahrung staatlicher Selbständigkeit oder religiöser Interessen.

Hier zum erstenmale ward aus dem Herzen Deutschlands heraus ein Angriff auf Oesterreich gerichtet, vermass sich ein deutscher Fürst die bewehrte Hand nach Habsburgs Erbe auszustrecken. Allerdings ist dieser kühne Versuch an dem Miss-

---

[1] Es geschah dies in einer Flugschrift »Memoire«, welche kurz nachher von deutscher Seite durch eine zweite, »Memoire de remarques«, beantwortet wurde. Sammlung von Staatsschriften nach Karls VII. Tode, B. I, S. 896. Zitiert bei Würdinger, S. 100.

[2] König August an den Kurfürsten, 28. Mai. Baron v. Wetzel (der bayerische Gesandte in Dresden), an den Kurfürsten, 30. Mai. Beide Schreiben im M. St. Ar.

[3] Beer, Holland und der österreichische Erbfolgekrieg. Archiv für österreichische Geschichte. B. 46, S. 335.

verhältnis von Macht und Streben nicht minder, wie an der Herrscherkraft Maria Theresias gescheitert, aber er hat doch Oesterreichs Führerschaft in der deutschen Welt zum erstenmal ernstlich gefährdet. Es sollte doch die Zeit kommen, — und sie war nahe genug, — in welcher den deutschen Fürsten zum Bewusstsein gebracht wurde, dass des grossen Vaterlandes Heil nicht länger von Oesterreich her zu erwarten sei.

Die Hohenzollern nahmen mit mehr Glück und Erfolg, freilich auch mit frischerer Kraft und reicheren Mitteln den Kampf wieder auf, den die Wittelsbacher gegen Habsburg so wenig glücklich eröffnet hatten.